大方廣佛華嚴經

일러두기

1. 『대방광불화엄경 강설』 원문原文의 저본底本은 근세에 교정이 가장 잘 되었다고 정평이 나 있는 대만臺灣의 불타교육기금회佛陀教育基金會에서 출판한 『화엄경소초華嚴經疏鈔』본입니다.

2. 『대방광불화엄경 강설』은 실차난타實叉難陀가 695년부터 699년까지 4년에 걸쳐 번역해 낸 80권본卷本 『대방광불화엄경』을 우리말로 옮기고 강설을 붙인 것입니다.

3. 『대방광불화엄경』은 애초 산스크리트에서 한역漢譯된 경전이지만 현재 산스크리트본은 소실된 상태입니다. 산스크리트를 음차한 경우 굳이 원래 소리를 표기하려고 하기보다는 『표준국어대사전』이나 『불교사전』 등에 등재된 한자음을 사용하는 것을 원칙으로 하였습니다.

4. 경문의 한글 번역은 동국역경원본을 참고하여 그대로 또는 첨삭을 하며 의미대로 번역하고 다듬었습니다.

5. 각 품마다 내용에 따라 단락을 나누고 제목을 달았습니다. 단락의 제목은 주로 청량清凉스님의 견해에 기초하였고 이통현李通玄장자의 견해를 참고로 하였습니다.

6. 『대방광불화엄경 강설』의 발행 순서는 한역 경전의 편재 순서를 기준으로 하였고 각 권은 단행본 한 권씩으로 출간될 예정이며 모두 80권으로 완간됩니다. 다만 80권본에 빠져 있는 「보현행원품」은 80권본 완역 및 강설 후 시리즈에 포함돼 추가될 예정입니다.

7. 『대방광불화엄경 강설』 안에서 불교용어를 풀이한 것은 운허스님이 저술하고 동국역경원에서 편찬한 『불교사전』을 인용하였습니다.

8. 각주의 청량스님의 소疏는 대만에서 입력한 大方廣佛華嚴經 사이트의 것을 사용하였습니다.

9. 『대방광불화엄경 강설』 입법계품에 들어가는 문수지남도는 북송北宋시대 불국佛國선사가 선재동자가 53명의 선지식을 친견하여 법을 구하는 장면을 하나하나 그림으로 그린 것입니다.

대방광불화엄경 강설
제 67 권

三十九. 입법계품入法界品 8

실차난타實叉難陀 한역
무비스님 강설

서문

　선남자여, 저는 널리 세간에서 갖가지 방소方所와 갖가지 형상과 갖가지 행과 이해로 가지가지 길에 죽고 태어나나니, 일체 모든 길[一切諸趣]인 이른바 천신의 길과 용의 길과 야차의 길과 건달바·아수라·가루라·긴나라·마후라가·지옥·축생과 염라왕의 세계와 사람과 사람 아닌 이 등의 일체 모든 길입니다.

　혹 여러 가지 소견에 빠지고, 혹 이승二乘을 믿고, 혹 대승의 길을 좋아하는 이와 같은 일체 모든 중생들 가운데서 저는 갖가지 방편과 갖가지 지혜의 문으로 이익되게 합니다.

　이른바 혹 모든 세간의 갖가지 기술을 연설하여 온갖 공교한 기술 다라니 지혜를 갖추게 합니다.

　혹 네 가지로 거두어 주는 방편[四攝法]을 연설하여 일체 지혜의 길을 구족하게 하기도 합니다.

　혹 모든 바라밀다를 연설하여 일체 지혜의 지위로 회향하게 하기도 합니다.

혹 큰 보리심을 칭찬하여 위없는 도의 뜻을 잃지 않게도 합니다.

혹 모든 보살의 행을 칭찬하여 부처님의 국토를 깨끗이 하고 중생을 제도하려는 소원을 만족하게도 합니다.

혹 모든 나쁜 짓을 하면 지옥 따위에 빠져 여러 가지 고통 받는 일을 연설하여 나쁜 업을 싫어하게도 합니다.

혹 모든 부처님께 공양하고 모든 착한 뿌리를 심으면 일체 지혜의 과보를 얻는다고 연설하여 환희한 마음을 내게도 합니다.

혹 모든 여래 응공 정등각의 공덕을 찬탄하여 부처님의 몸을 좋아하고 일체 지혜를 구하게도 합니다.

혹 모든 부처님의 위엄과 공덕을 찬탄하여 부처님의 무너지지 않는 몸을 좋아하게도 합니다.

혹 부처님의 자유자재한 몸을 찬탄하여 여래의 가릴 수 없는 큰 위덕의 몸을 구하게도 합니다.

2017년 8월 15일
신라 화엄종찰 금정산 범어사
如天 無比

대방광불화엄경 목차

제1권	1. 세주묘엄품世主妙嚴品 [1]		제18권	18. 명법품明法品
제2권	1. 세주묘엄품世主妙嚴品 [2]		제19권	19. 승야마천궁품昇夜摩天宮品
제3권	1. 세주묘엄품世主妙嚴品 [3]			20. 야마천궁게찬품夜摩天宮偈讚品
제4권	1. 세주묘엄품世主妙嚴品 [4]			21. 십행품十行品 [1]
제5권	1. 세주묘엄품世主妙嚴品 [5]		제20권	21. 십행품十行品 [2]
제6권	2. 여래현상품如來現相品		제21권	22. 십무진장품十無盡藏品
제7권	3. 보현삼매품普賢三昧品		제22권	23. 승도솔천궁품昇兜率天宮品
	4. 세계성취품世界成就品		제23권	24. 도솔궁중게찬품兜率宮中偈讚品
제8권	5. 화장세계품華藏世界品 [1]			25. 십회향품十廻向品 [1]
제9권	5. 화장세계품華藏世界品 [2]		제24권	25. 십회향품十廻向品 [2]
제10권	5. 화장세계품華藏世界品 [3]		제25권	25. 십회향품十廻向品 [3]
제11권	6. 비로자나품毘盧遮那品		제26권	25. 십회향품十廻向品 [4]
제12권	7. 여래명호품如來名號品		제27권	25. 십회향품十廻向品 [5]
	8. 사성제품四聖諦品		제28권	25. 십회향품十廻向品 [6]
제13권	9. 광명각품光明覺品		제29권	25. 십회향품十廻向品 [7]
	10. 보살문명품菩薩問明品		제30권	25. 십회향품十廻向品 [8]
제14권	11. 정행품淨行品		제31권	25. 십회향품十廻向品 [9]
	12. 현수품賢首品 [1]		제32권	25. 십회향품十廻向品 [10]
제15권	12. 현수품賢首品 [2]		제33권	25. 십회향품十廻向品 [11]
제16권	13. 승수미산정품昇須彌山頂品		제34권	26. 십지품十地品 [1]
	14. 수미정상게찬품須彌頂上偈讚品		제35권	26. 십지품十地品 [2]
	15. 십주품十住品		제36권	26. 십지품十地品 [3]
제17권	16. 범행품梵行品		제37권	26. 십지품十地品 [4]
	17. 초발심공덕품初發心功德品		제38권	26. 십지품十地品 [5]

제39권	26. 십지품十地品 [6]		제58권	38. 이세간품離世間品 [6]
제40권	27. 십정품十定品 [1]		제59권	38. 이세간품離世間品 [7]
제41권	27. 십정품十定品 [2]		제60권	39. 입법계품入法界品 [1]
제42권	27. 십정품十定品 [3]		제61권	39. 입법계품入法界品 [2]
제43권	27. 십정품十定品 [4]		제62권	39. 입법계품入法界品 [3]
제44권	28. 십통품十通品		제63권	39. 입법계품入法界品 [4]
	29. 십인품十忍品		제64권	39. 입법계품入法界品 [5]
제45권	30. 아승지품阿僧祇品		제65권	39. 입법계품入法界品 [6]
	31. 여래수량품如來壽量品		제66권	39. 입법계품入法界品 [7]
	32. 보살주처품菩薩住處品		**제67권**	**39. 입법계품入法界品 [8]**
제46권	33. 불부사의법품佛不思議法品 [1]		제68권	39. 입법계품入法界品 [9]
제47권	33. 불부사의법품佛不思議法品 [2]		제69권	39. 입법계품入法界品 [10]
제48권	34. 여래십신상해품如來十身相海品		제70권	39. 입법계품入法界品 [11]
	35. 여래수호광명공덕품如來隨好光明功德品		제71권	39. 입법계품入法界品 [12]
			제72권	39. 입법계품入法界品 [13]
제49권	36. 보현행품普賢行品		제73권	39. 입법계품入法界品 [14]
제50권	37. 여래출현품如來出現品 [1]		제74권	39. 입법계품入法界品 [15]
제51권	37. 여래출현품如來出現品 [2]		제75권	39. 입법계품入法界品 [16]
제52권	37. 여래출현품如來出現品 [3]		제76권	39. 입법계품入法界品 [17]
제53권	38. 이세간품離世間品 [1]		제77권	39. 입법계품入法界品 [18]
제54권	38. 이세간품離世間品 [2]		제78권	39. 입법계품入法界品 [19]
제55권	38. 이세간품離世間品 [3]		제79권	39. 입법계품入法界品 [20]
제56권	38. 이세간품離世間品 [4]		제80권	39. 입법계품入法界品 [21]
제57권	38. 이세간품離世間品 [5]		제81권	40. 보현행원품普賢行願品

대방광불화엄경 강설 제67권

三十九. 입법계품入法界品 8

【 지말법회의 53선지식 】

【 십행위 선지식 】

21. **변행외도** ··15

   1) 변행외도를 뵙고 법을 묻다 ·······························15

     (1) 가르침에 의지하여 선지식을 찾다 ················15

     (2) 공경을 나타내고 법을 묻다 ··························16

   2) 변행외도가 법을 설하다 ····································19

     (1) 온갖 길에서 죽고 태어남을 보이다 ··············19

     (2) 온갖 법으로 중생들을 이익되게 하다 ··········21

     (3) 갖가지 외도를 방편으로 조복하다 ··············31

   3) 자기는 겸손하고 다른 이의 수승함을 추천하다 ··············34

   4) 다음 선지식 찾기를 권유하다 ·····························36

【 십회향 선지식 】

22. 육향장자 ··· 39
   1) 육향장자를 뵙고 법을 묻다 ····························· 39
      (1) 가르침에 의지하여 선지식을 찾다 ················ 39
      (2) 공경을 나타내고 법을 청하다 ····················· 44
   2) 육향장자가 법을 설하다 ································· 47
   3) 자기는 겸손하고 다른 이의 수승함을 추천하다 ···· 58
   4) 다음 선지식 찾기를 권유하다 ·························· 60

23. 바시라선사 ·· 63
   1) 바시라선사를 뵙고 법을 묻다 ·························· 63
      (1) 가르침에 의지하여 선지식을 찾다 ················ 63
      (2) 공경을 나타내고 법을 묻다 ························ 67
   2) 바시라선사가 법을 설하다 ······························ 69
      (1) 선재동자의 질문을 부연 해석하다 ················ 69
      (2) 중생을 위하여 닦는 보살의 도 ···················· 71
      (3) 바다의 보배를 다 알다 ······························ 76
      (4) 바다에 대한 모든 것을 다 알다 ··················· 78
      (5) 큰 배로 중생들을 이익되게 하다 ················· 80
   3) 자기는 겸손하고 다른 이의 수승함을 추천하다 ···· 84

    4) 다음 선지식 찾기를 권유하다 ·····86

24. 무상승장자 ·····89
   1) 무상승장자를 뵙고 법을 묻다 ·····89
      (1) 선재동자가 구한 보살의 도 ·····89
      (2) 무상승장자의 일상생활 ·····91
      (3) 공경을 나타내고 법을 묻다 ·····94
   2) 무상승장자가 법을 설하다 ·····97
   3) 자기는 겸손하고 다른 이의 수승함을 추천하다 ·····107
   4) 다음 선지식 찾기를 권유하다 ·····109

25. 사자빈신비구니 ·····111
   1) 사자빈신비구니를 뵙고 법을 묻다 ·····111
      (1) 가르침에 의지하여 선지식을 찾다 ·····111
      (2) 사자빈신비구니의 의보 ·····112
      (3) 사자빈신비구니의 정보 ·····126
      (4) 천룡팔부중 등을 위한 설법 ·····129
      (5) 성문과 연각을 위한 설법 ·····139
      (6) 보살승을 위한 설법 ·····140
      (7) 법을 듣고 보리심 발함을 다 맺다 ·····145
      (8) 그 까닭을 모두 밝히다 ·····146

2) 공경을 나타내고 법을 묻다 ·················149
3) 사자빈신비구니가 법을 설하다 ·················151
4) 자기는 겸손하고 다른 이의 수승함을 추천하다 ············160
5) 다음 선지식 찾기를 권유하다 ·················162

대방광불화엄경 강설

제67권

三十九. 입법계품 8

문수지남도 제21, 선재동자가 변행외도를 친견하다.

21. 변행외도 徧行外道
제10 진실행眞實行 선지식

1) 변행외도를 뵙고 법을 묻다

(1) 가르침에 의지하여 선지식을 찾다

爾時_에 善財童子_가 於不動優婆夷所_에 得聞法 已_{하고} 專心憶念所有教誨_{하야} 皆悉信受_{하야} 思惟 觀察_{하고} 漸漸遊行_{하야} 經歷國邑_{하야} 至都薩羅城 _{하야} 於日沒時_에 入彼城中_{하야} 廛店隣里四衢道側 _에 處處尋覓徧行外道_{하니라}

그때에 선재동자는 부동우바이에게서 법을 듣고 일심으로 기억하여 가르쳐 준 것을 모두 믿어 받고 사유하고 관찰하면서 점점 나아가 여러 나라의 도시를 지나서 도살라都薩羅성에 이르렀습니다. 해가 질 무렵 그 성중城中에 들어가서 상점과 골목과 네거리로 다니면서 곳곳에서 변행외도를 찾았습니다.

선재동자는 상대가 누구든지 가리지 않고 앞의 선지식이 지시한 대로 찾아간다. 드디어 외도까지 찾아왔다. 외도外道를 외교外敎·외학外學·외법外法이라고도 한다. 인도에서 불교 이외의 모든 교학을 일컫는다. 종류가 많아서 96종이나 있다. 부처님 당시에 6종의 외도가 있었다. 본래의 뜻은 신성하고 존경할 만한 은둔자隱遁者라는 뜻이지만 불교에서 보면 모두 다른 교학이므로 외도라고 한다.

(2) 공경을 나타내고 법을 묻다

城東에 有山하니 名曰善德이라 善財童子가 於中
성동   유산   명왈선덕   선재동자 어중

야시　　견차산정　　초수암헌　　광명조요　　　여
夜時에 **見此山頂**의 **草樹巖巚**이 **光明照耀**하야 **如**

일초출　　　견차사이　　생대환희　　　작시념언
日初出하고 **見此事已**에 **生大歡喜**하야 **作是念言**호대

아필어차　　견선지식
我必於此에 **見善知識**이라하고

　성城의 동쪽에 산이 있으니 이름이 선덕善德이었습니다. 선재동자가 한밤중쯤 되어 이 산꼭대기를 보니 초목과 바위에 광명이 환하게 비치어 마치 해가 처음 뜨는 듯하였습니다. 이것을 보고 나서 크게 기쁜 마음으로 생각하기를, '내가 반드시 여기서 선지식을 친견하는가 보다.'라고 하였습니다.

　한밤중인데도 마치 해가 처음 뜨는 듯하여 주변의 산천초목을 환하게 밝혔다. 얼마나 기뻤을까. 선지식을 찾아가는 길이니 선재동자는 반드시 좋은 징조라고 생각하게 되었다.

便從城出하야 而登彼山하야 見此外道가 於其
山上平坦之處에 徐步經行할새 色相圓滿하며 威光
照耀하야 大梵天王의 所不能及이며 十千梵衆之所
圍繞하고 往詣其所하야 頭頂禮足하며 繞無量帀하며
於前合掌하고 而作是言호대

곧 성에서 나와 그 산으로 올라가서 이 외도를 보니 그 산 위의 평탄한 곳에서 천천히 거니는데, 생긴 모습이 원만하고 위엄과 광채가 찬란하여 대법천왕으로도 미칠 수 없으며, 십천의 범천이 호위하고 있었습니다. 선재동자가 그곳에 나아가 엎드려 절하고 한량없이 돌고 그 앞에 합장하고 말하였습니다.

聖者여 我已先發阿耨多羅三藐三菩提心호니

而我未知菩薩이 云何學菩薩行이며 云何修菩薩道리잇고 我聞聖者는 善能教誨라하니 願爲我說하소서

"거룩하신 이여, 저는 이미 아뇩다라삼먁삼보리심을 내었습니다. 그러나 아직 보살이 어떻게 보살의 행을 배우며 어떻게 보살의 도를 닦는지를 알지 못합니다. 제가 들으니 거룩하신 이께서 잘 가르치신다 하오니 바라옵건대 저를 위하여 말씀하여 주십시오."

2) 변행외도가 법을 설하다

(1) 온갖 길에서 죽고 태어남을 보이다

徧行이 答言하사대 善哉善哉라 善男子야 我已安住至一切處菩薩行하며 已成就普觀世間三昧門

하며 **已成就無依無作神通力**하며 **已成就普門般**

이 성 취 무 의 무 작 신 통 력　　이 성 취 보 문 반

若波羅蜜호라

야 바 라 밀

변행외도가 대답하였습니다. "훌륭하고 훌륭합니다. 선남자여, 저는 이미 모든 곳에 이르는 보살의 행에 편안히 머물렀고, 이미 세간을 두루 관찰하는 삼매의 문을 성취하였고, 이미 의지한 데 없고[無依] 지음이 없는[無作] 신통의 힘을 성취하였고, 이미 넓은 문 반야바라밀을 성취하였습니다."

善男子야 **我普於世間種種方所**와 **種種形貌**와

선 남 자　아 보 어 세 간 종 종 방 소　　종 종 형 모

種種行解와 **種種歿生**하는 **一切諸趣**인 **所謂天趣**

종 종 행 해　종 종 몰 생　　일 체 제 취　　소 위 천 취

와 **龍趣**와 **夜叉趣**와 **乾闥婆**와 **阿修羅**와 **迦樓羅**와

　용 취　야 차 취　건 달 바　　아 수 라　　가 루 라

緊那羅와 **摩睺羅伽**와 **地獄**과 **畜生**과 **閻羅王界**와

긴 나 라　마 후 라 가　　지 옥　　축 생　　염 라 왕 계

人非人_{인비인}等_등의 一切諸趣_{일체제취}니라

"선남자여, 저는 널리 세간에서 갖가지 방소方所와 갖가지 형상과 갖가지 행과 이해로 가지가지 길에 죽고 태어나나니, 일체 모든 길[一切諸趣]인 이른바 천신의 길과 용의 길과 야차의 길과 건달바·아수라·가루라·긴나라·마후라가·지옥·축생과 염라왕의 세계와 사람과 사람 아닌 이 등의 일체 모든 길입니다."

변행외도 선지식의 법은 모든 곳에 이르는 보살의 행에 편안히 머물러서 천신의 길과 용의 길과 야차의 길과 건달바·아수라·가루라·긴나라·마후라가와 심지어 지옥과 축생과 아수라 세계에까지 마음대로 가서 태어나고 죽고 하는 능력이다. 이 또한 보살의 만행萬行이다.

(2) 온갖 법으로 중생들을 이익되게 하다

或住諸見_{혹주제견}하며 或信二乘_{혹신이승}하며 或復信樂大乘之_{혹부신락대승지}

도   여시일체제중생중   아이종종방편   종
道하는 如是一切諸衆生中에 我以種種方便과 種

종지문   이위이익
種智門으로 而爲利益호니

"혹 여러 가지 소견에 빠지고, 혹 이승二乘을 믿고, 혹 대승의 길을 좋아하는, 이와 같은 일체 모든 중생 가운데서 저는 갖가지 방편과 갖가지 지혜의 문으로 이익되게 합니다."

변행외도 선지식은 천룡팔부 등 온갖 길에 죽고 태어나면서 여러 가지 견해에 머물기도 하고, 성문이나 독각 등 이승을 믿기도 하고, 대승법을 믿기도 하면서 일체 중생 가운데서 가지가지 방편과 가지가지 지혜로 이익을 베푼다.

             소위혹위연설일체세간종종기예   영득구
所謂或爲演說一切世間種種技藝하야 令得具

족일체교술다라니지
足一切巧術陀羅尼智하며

"이른바 혹 모든 세간의 갖가지 기술을 연설하여 온갖 공교한 기술 다라니 지혜를 갖추게 하며,

혹위연설사섭방편　　영득구족일체지도
或爲演說四攝方便하야 **令得具足一切智道**하며

혹 네 가지로 거두어 주는 방편을 연설하여 일체 지혜의 길을 구족하게 하기도 하며,

네 가지로 거두어 주는 방편이란 사섭법四攝法이다. 사섭법은 고통 세계의 중생을 구제하려는 보살이 중생을 불도에 이끌어 들이기 위한 네 가지 방법이다. ① 보시섭布施攝은 상대편이 좋아하는 재물이나 법을 보시하여 친절한 정의情誼를 감동케 하여 이끌어 들이는 것이며 ② 애어섭愛語攝은 부드럽고 온화한 말을 하여 친해져서 이끌어 들이는 것이며 ③ 이행섭利行攝은 동작·언어·의념意念에 선행善行으로 중생을 이익하게 하여 이끌어 들이는 것이며 ④ 동사섭同事攝은 상대편의 근성根性을 따라 변신變身하여 친하며 행동을 같이하여 이끌어 들이는 것을 말한다. 변행외도 선지식은 이와 같이 사

람들에게 세상의 기술을 가르칠 뿐만 아니라 보살행 중에서도 가장 뛰어난 사섭법의 교화 방법을 사용하여 중생들을 교화한다.

혹위연설제바라밀　　영기회향일체지위
或爲演說諸波羅蜜하야 **令其廻向一切智位**하며

혹 모든 바라밀다를 연설하여 일체 지혜의 지위로 회향하게 하기도 하며,

육바라밀은 보살 수행의 바른 길이며 중생 교화의 정법이다. 만약 보살이 상구보리하고 하화중생하는 데 이 육바라밀을 등진다면 그것은 보살의 길이 아니다.

혹위칭찬대보리심　　영기불실무상도의
或爲稱讚大菩提心하야 **令其不失無上道意**하며

혹 큰 보리심을 칭찬하여 위없는 도의 뜻을 잃지 않게도 하며,

보리심은 아무리 강조해도 지나치지 않는다. 불교는 오로지 이 보리심을 널리 가르치고 실천하도록 하는 종교다. 그래서 말을 알아듣지 못하는 축생을 보고도 보리심을 발하라고 가르친다.

혹위 칭찬 제 보 살 행　　영 기 만 족 정 불 국 토 도
或爲稱讚諸菩薩行하야 **令其滿足淨佛國土度**
중 생 원
衆生願하며

혹 모든 보살의 행을 칭찬하여 부처님의 국토를 깨끗이 하고 중생을 제도하려는 소원을 만족하게도 하며,

대승보살불교는 오로지 보살행을 찬탄하여 실천하도록 하는 가르침이다. 보살행으로 세상을 정직하고 선량하게 만들며, 인과를 모르고 업業의 이치를 모르는 중생들을 깨우쳐서 평화로운 삶이 되도록 하는 가르침이다.

혹위연설조제악행　　수지옥등종종고보　　영
或爲演說造諸惡行에 **受地獄等種種苦報**며 **令**

어악업　　심생염리
於惡業에 **深生厭離**하며

　　혹 모든 나쁜 짓을 하면 지옥 따위에 빠져 여러 가지 고통 받는 일을 연설하여 나쁜 업을 싫어하게도 하며,

혹위연설공양제불　　　종제선근　　결정획득
或爲演說供養諸佛하야 **種諸善根**에 **決定獲得**

일체지과　　　영기발기환희지심
一切智果하야 **令其發起歡喜之心**하며

　　혹 모든 부처님께 공양하고 모든 착한 뿌리를 심으면 일체 지혜의 과보를 얻는다고 연설하여 환희한 마음을 내게도 하며,

　　모든 부처님의 공통적인 가르침은 "모든 악을 짓지 말고 온갖 선행을 받들어 행하며 스스로 그 뜻을 텅 비어 청정하게 하는 것, 이것이 모든 부처님의 가르침이다."[1]라고 하였

다. 변행외도 선지식은 이 내용에 더하여 악을 행하면 악의 과보를 받으므로 악업을 짓지 않도록 가르치며, 모든 부처님께 공양하여 선근을 심으면 일체 지혜의 과보를 얻어 환희하게 된다고 가르친다.

혹 위 찬 설 일 체 여 래 응 정 등 각   소 유 공 덕
或爲讚說一切如來應正等覺의 **所有功德**하야

영 락 불 신   구 일 체 지
令樂佛身하야 **求一切智**하며

혹 모든 여래 응공 정등각의 공덕을 찬탄하여 부처님의 몸을 좋아하고 일체 지혜를 구하게도 하며,

혹 위 찬 설 제 불 위 덕   영 기 원 락 불 불 괴 신
或爲讚說諸佛威德하야 **令其願樂佛不壞身**하며

혹 모든 부처님의 위엄과 공덕을 찬탄하여 부처님의

---

1) 諸惡莫作 衆善奉行 自淨其意 是諸佛教.

무너지지 않는 몸을 좋아하게도 하며,

<small>혹위찬설불자재신　　영구여래무능영폐대</small>
或爲讚說佛自在身하야 **令求如來無能映蔽大**
<small>위덕체</small>
威德體케호라

　혹 부처님의 자유자재한 몸을 찬탄하여 여래의 가릴 수 없는 큰 위덕의 몸을 구하게도 합니다."

　부처님이나 부처님의 법을 소개할 때 단순하게 연설하는 경우도 있지만 찬탄하여 연설하는 것은 그 효과가 더욱 수승하다. 듣는 사람으로 하여금 감동을 더욱 깊게 한다. 이 단락에서 변행외도는 여래의 바른 깨달음을 찬탄하여 연설하고, 부처님의 위엄과 공덕을 찬탄하여 연설하고, 부처님의 자유자재한 몸을 찬탄하여 연설한다고 하였다.

우선남자 차도살라성중 일체방소 일체
又善男子야 此都薩羅城中에 一切方所와 一切

족류 약남약여 제인중중 아개이방편
族類인 若男若女의 諸人衆中에 我皆以方便으로

시동기형   수기소응   이위설법   제중생
示同其形하야 隨其所應하야 而爲說法호대 諸衆生

등 실불능지아시하인   종하이지 유령문
等이 悉不能知我是何人이며 從何而至요 唯令聞

자   여실수행
者로 如實修行케하노니

"또 선남자여, 이 도살라 성중의 여러 곳에 있는 여러 종류의 남녀들 가운데서 저는 갖가지 방편으로 그들의 형상과 같이 나타내고 그들에게 알맞게 법을 말하거든, 그 중생들은 제가 어떤 사람인지 어디서 왔는지를 알지 못하지만 오직 듣는 이로 하여금 사실대로 수행하게 합니다."

법을 설하는데 그 사람이 어떤 사람인지 어디서 왔는지는 중요하지 않다. 그가 설하는 법의 내용이 어떠한가가 중요하다. 또 그가 설하는 법을 듣고 감동하여 법과 같이 수행하게 할 수 있다면 법을 설하는 사람의 책임은 끝이다. 그러므로 법사를 초청할 때 법사의 경력을 보고 초청할 것이 아니라 법사의 법을 점검해서 초청해야 한다. 외도라는 이름이 무슨 상관이 있겠는가.

善_선男_남子_자야 如_여於_어此_차城_성에 利_이益_익衆_중生_생하야 於_어閻_염浮_부提_제
城_성邑_읍聚_취落_락의 所_소有_유人_인衆_중住_주止_지之_지處_처에도 悉_실亦_역如_여是_시하야
而_이爲_위利_이益_익이로라

"선남자여, 이 성에서 중생들을 이익되게 하는 것처럼 염부제의 여러 성과 도시와 마을의 사람이 사는 곳에서도 이와 같이 이익되게 합니다."

변행외도 선지식의 법력이 이와 같아서 이 성에서 중생들을 이익되게 하는 것과 같이 전 세계의 여러 도시와 내지 작은 마을이라도 사람이 사는 곳이면 어디서든지 법을 설하여

이와 같이 이익되게 한다.

(3) 갖가지 외도를 방편으로 조복하다

善男子야 **閻浮提內九十六衆**이 **各起異見**하야
선남자   염부제내구십육중   각기이견

而生執着이어든 **我悉於中**에 **方便調伏**하야 **令其捨**
이생집착   아실어중   방편조복   영기사

離所有諸見하나라
리소유제견

"선남자여, 염부제에 있는 96종 외도가 제각기 야릇한 소견으로 고집을 세우거든 저는 그 가운데서 방편으로 조복해서 모든 잘못된 소견을 버리게 합니다."

변행외도 선지식은 사람에 대한 어떤 차별도 없이 법을 설하여 교화하지만 특별히 외도들에 대한 관심이 높아서 외도들을 잘 가르쳤다. 당시 인도에는 육사외도가 있었고 육사외도에서 파생되어 다시 96종의 외도가 있었다.

육사외도六師外道란 석가세존 당시에 중中인도에서 가장

세력이 컸던 6인의 철학자이며 종교가의 교파教派이다. ① 부란나가섭富蘭那迦葉은 선악 행위와 그 보응報應을 부정하는 외도이다. ② 말가리구사리자末伽梨拘賜梨子는 운명론을 주장하였다. 불교에서는 그를 사명외도邪命外道라고 하였다. ③ 산사야비라지자刪闍耶毘羅胝子는 궤변론詭辯論 또는 회의설懷疑說을 주장하였다. ④ 아기다시사흠바라阿耆多翅舍欽婆羅는 유물론과 쾌락설을 주장하였다. ⑤ 가라구타가전연迦羅鳩馱迦旃延은 유물론적인 주장을 폈다. ⑥ 니건타야제자尼犍咃若提子는 기나교耆那敎를 폈다.

96종 외도란 육사외도에서 각각의 스승과 각각의 제자 15명씩을 합하여 말한 숫자라고 하지만 실제로는 개략적인 수를 든 것이라고 한다. 예나 지금이나 무종교인을 교화하는 것보다 이미 다른 종교를 가진 사람을 교화하는 것이 더 어렵지만 그 효과는 더욱 크기 때문이다.

如閻浮提하야 餘四天下도 亦復如是하며 如四
여염부제   여사천하   역부여시   여사

天下ᄒᆞ야 三千大千世界도 亦復如是ᄒᆞ며 如三千大千世界ᄒᆞ야 如是十方無量世界諸衆生海에도 我悉於中에 隨諸衆生心之所樂ᄒᆞ야 以種種方便과 種種法門으로 現種種色身ᄒᆞ고 以種種言音으로 而爲說法ᄒᆞ야 令得利益게하노라

"염부제에서와 같이 다른 사천하에서도 또한 다시 그와 같이 하고, 사천하에서와 같이 삼천대천세계에서도 또한 다시 그와 같이 하며, 삼천대천세계에서와 같이 이와 같이 시방의 한량없는 세계의 모든 중생 바다에서도 저는 그 가운데서 모든 중생의 마음에 좋아함을 따라서 갖가지 방편과 갖가지 법문과 갖가지 몸과 갖가지 말로써 법을 설하여 이익되게 합니다."

3) 자기는 겸손하고 다른 이의 수승함을 추천하다

善男子야 我唯知此至一切處菩薩行이어니와 如
諸菩薩摩訶薩은 身與一切衆生數等하야 得與衆
生無差別身하며

"선남자여, 저는 다만 이 모든 곳에 이르는 보살의 행行만을 알거니와 모든 보살마하살은 몸이 일체 중생의 수효와 같고, 중생들과 차별이 없는 몸을 얻으며,

以變化身으로 普入諸趣하야 於一切處에 皆現受
生하며 普現一切衆生之前하야 淸淨光明이 徧照世
間하며

변화한 몸으로 모든 길에 두루 들어가 모든 곳에 다

태어나되 일체 중생의 앞에 널리 나타나서 청정한 광명으로 세간을 널리 비추며,

以無礙願으로 **住一切劫**하야 **得如帝網諸無等行**하며 **常勤利益一切衆生**하야 **恒與共居**호대 **而無所着**하며

걸림이 없는 소원으로 온갖 겁에 머무르며, 제석의 그물 같은 모든 같을 이 없는 행을 얻어 일체 중생을 항상 부지런히 이익되게 하고, 항상 함께 거처하면서도 집착이 없으며,

普於三世에 **悉皆平等**하야 **以無我智**로 **周徧照耀**하며 **以大悲藏**으로 **一切觀察**하나니 **而我云何能**

지능 설 피 공 덕 행
知能說彼功德行이리오

널리 세 세상에 모두 다 평등하여 '나'가 없는 지혜[無我智]로 널리 비추고, 크게 자비한 곳집으로 모든 것을 관찰합니다. 그러나 제가 그 공덕의 행을 어떻게 능히 알며 능히 말하겠습니까."

4) 다음 선지식 찾기를 권유하다

선 남 자   어 차 남 방   유 일 국 토   명 위 광 대
善男子야 **於此南方**에 **有一國土**하니 **名爲廣大**요

유 육 향 장 자   명 우 발 라 화   여 예 피 문   보 살
有鬻香長者하니 **名優鉢羅華**니 **汝詣彼問**호대 **菩薩**

      운 하 학 보 살 행   수 보 살 도   시   선 재
이 **云何學菩薩行**이며 **修菩薩道**리잇고하라 **時**에 **善財**

동 자   정 례 기 족   요 무 량 잡   은 근 첨 앙
童子가 **頂禮其足**하며 **繞無量帀**하며 **殷勤瞻仰**하고

사 퇴 이 거
辭退而去하니라

"선남자여, 여기서 남쪽에 한 나라가 있으니 이름이 광대廣大요, 그곳에 향을 파는 장자가 있으니 이름이 우발라화優鉢羅華입니다. 그대는 그에게 가서 '보살이 어떻게 보살의 행을 배우며 보살의 도를 닦습니까?'라고 물으십시오." 그때에 선재동자는 그의 발에 엎드려 절하고 한량없이 돌고 은근하게 앙모하면서 하직하고 물러갔습니다.

문수지남도 제22, 선재동자가 육향장자를 친견하다.

【 십회향+廻向 선지식 】

22. 육향장자 鬻香長者

제1 구호일체중생이중생상회향 救護一切衆生離衆生相廻向 선지식

1) 육향장자를 뵙고 법을 묻다

(1) 가르침에 의지하여 선지식을 찾다

爾時ː에 善財童子ː가 因善知識教ː하야 不顧身命ː하며 不着財寶ː하며 不樂人衆ː하며 不耽五欲ː하며 不戀眷屬ː하며 不重王位ː하고

그때에 선재동자는 선지식의 가르침을 인하여 몸과 목숨을 돌보지 않고, 재보에 집착하지 않고, 여러 사람을 좋아하지 않고, 다섯 가지 욕락을 탐하지 않고, 권속

을 사랑하지 않고, 왕의 지위를 소중히 여기지도 아니하였습니다.

진리를 소중하게 여기고 진리에 의한 보살행을 소중하게 여기는 사람은 몸과 목숨을 돌보지 않고, 재보에 집착하지 않고, 사람들의 환영이나 인기를 좋아하지 않고, 다섯 가지 욕락을 탐하지 않고, 권속을 사랑하지 않고, 심지어 왕의 지위를 소중히 여기지도 않는다.

다섯 가지 욕락[五欲]은 첫째, 불교적인 해석으로는 5묘욕妙欲・묘오욕妙五欲・5묘색妙色・5묘妙라고도 하는데 5근의 대상이 되어 가의可意・가애可愛・가락可樂의 것으로 모든 욕망의 근원이 되는 것이다. 곧 색色・성聲・향香・미味・촉觸의 5경境이다. 그러나 이 5경은 욕구欲求의 대상이고, 욕구 그 자체는 아니다. 이 다섯 가지가 모든 욕망을 일으키므로 5욕이라 한다. 둘째, 세속적인 해석으로는 재욕財欲・색욕(色欲: 성욕)・음식욕飮食欲・명예욕名譽欲・수면욕睡眠欲을 말한다.

유원화도일체중생　　유원엄정제불국토
唯願化度一切衆生하며 **唯願嚴淨諸佛國土**하며

유원공양일체제불　　유원증지제법실성
唯願供養一切諸佛하며 **唯願證知諸法實性**하며

　오직 일체 중생을 교화하기를 서원하고, 오직 모든 부처님의 국토를 깨끗이 장엄하기를 서원하고, 오직 일체 모든 부처님께 공양하기를 서원하고, 오직 모든 법의 참된 성품을 증득하여 알기를 서원하고,

유원수집일체보살대공덕해　　유원수행일
唯願修集一切菩薩大功德海하며 **唯願修行一**
체공덕　종무퇴전
切功德하야 **終無退轉**하며

　오직 모든 보살의 큰 공덕 바다를 닦아 모으기를 서원하고, 오직 모든 공덕을 닦아 행하여 마침내 물러나지 않기를 서원하고,

유원항어일체겁중 이대원력   수보살행
唯願恒於一切劫中에 **以大願力**으로 **修菩薩行**

유원보입일체제불중회도량
하며 **唯願普入一切諸佛衆會道場**하며

오직 모든 겁마다 큰 원력으로 보살의 행을 닦기를 서원하고, 오직 일체 모든 부처님 대중이 모인 도량에 널리 들어가기를 서원하고,

유원입일삼매문   보현일체삼매문자재신
唯願入一三昧門하야 **普現一切三昧門自在神**

력   유원어불일모공중   견일체불 심무염
力하며 **唯願於佛一毛孔中**에 **見一切佛**호대 **心無厭**

족
足하며

오직 한 삼매의 문에 들어가서 모든 삼매문의 자재한 신통의 힘을 널리 나타내기를 서원하고, 오직 부처님의 한 모공에서 모든 부처님을 보아도 마음에 만족함이 없기를 서원하고,

유원 득 일 체 법 지 혜 광 명　　능 지 일 체 제 불 법
唯願得一切法智慧光明하야 **能持一切諸佛法**
장　　전 구 차 등 일 체 제 불 보 살 공 덕　　점 차 유 행
藏하야 **專求此等一切諸佛菩薩功德**하고 **漸次遊行**
하니라

　오직 모든 법의 지혜 광명을 얻어서 일체 모든 부처님의 법장을 유지하기를 서원하고는, 오로지 이러한 등의 일체 모든 부처님과 보살의 공덕을 구하면서 점점 나아갔습니다.

　어느 시대 어느 나라든 불교의 모든 수행자들 중에 가장 본보기가 되는 선재동자에게 달리 무슨 소원이 있겠는가. 일체 중생을 진리로써 잘 가르쳐 교화하고, 모든 세상 사람을 정직하고 선량하게 가르쳐 안락하고 평화로운 세상이 되게 하고, 모든 사람 모든 생명을 부처님으로 받들어 섬기며 공양하고, 모든 법의 참된 성품을 증득하여 알기를 서원할 뿐이다. 천고만고에 구도자의 모범이 되는 선재동자는 이와 같은 서원이 있음을 낱낱이 밝히며 점점 남쪽으로 다음의 선지식을 찾아갔다.

(2) 공경을 나타내고 법을 청하다

至_지廣_광大_대國_국하야 詣_예長_장者_자所_소하야 頂_정禮_례其_기足_족하며 繞_요無_무量_량帀_잡하며 合_합掌_장而_이立_립하야 白_백言_언호대

광대국에 이르러 장자의 앞에 나아가서 엎드려 절하고 한량없이 돌고 합장하고 서서 말하였습니다.

聖_성者_자여 我_아已_이先_선發_발阿_아耨_뇩多_다羅_라三_삼藐_먁三_삼菩_보提_리心_심하야

欲_욕求_구一_일切_체佛_불平_평等_등智_지慧_혜하며

"거룩하신 이여, 저는 이미 아뇩다라삼먁삼보리심을 내어 모든 부처님의 평등한 지혜를 구하려 하며,

欲_욕滿_만一_일切_체佛_불無_무量_량大_대願_원하며 欲_욕淨_정一_일切_체佛_불最_최上_상色_색

身하며 欲見一切佛淸淨法身하며

　모든 부처님의 한량없는 큰 서원을 만족하게 하려고 하며, 모든 부처님의 가장 높은 육신을 청정하게 하려고 하며, 모든 부처님의 청정한 법신을 보고자 하며,

欲知一切佛廣大智身하며 欲淨治一切菩薩諸行하며 欲照明一切菩薩三昧하며

　모든 부처님의 광대한 지혜의 몸을 알고자 하며, 모든 보살의 행을 청정하게 다스리려 하며, 모든 보살의 삼매를 밝히려 하며,

欲安住一切菩薩總持하며 欲除滅一切所有障礙하며 欲遊行一切十方世界하노니 而未知菩薩이

운하학보살행   운하수보살도   이능출생
云何學菩薩行하며 云何修菩薩道하야 而能出生
일체지지
一切智智리잇고

    모든 보살의 다라니에 머물고자 하며, 모든 장애를 없애려 하며, 일체 시방세계에 다니려 합니다. 그러나 보살이 어떻게 보살의 행을 배우며 어떻게 보살의 도를 닦아서 일체 지혜의 지혜를 내는지를 알지 못합니다."

    선재동자가 육향장자 선지식을 친견하고 공경을 나타내어 법을 청하였다. 법을 청하면서 왜 법을 청하는가에 대한 까닭을 낱낱이 밝혔다. 모든 부처님의 평등한 지혜를 구하려 하며, 모든 부처님의 한량없는 큰 서원을 만족하게 하려고 하며, 모든 부처님의 가장 높은 육신을 청정하게 하려고 하며, 모든 부처님의 청정한 법신을 보고자 하는 등의 내용인데 궁극에는 부처님이 갖추신 모든 것을 다 갖추고자 해서 법을 청하는 것이라고 하였다.

2) 육향장자가 법을 설하다

長^장者^자가 告^고言^언하사대 善^선哉^재善^선哉^재라 善^선男^남子^자여 汝^여乃^내能^능
發^발阿^아耨^뇩多^다羅^라三^삼藐^먁三^삼菩^보提^리心^심이로다

육향장자가 말하였습니다. "훌륭하고 훌륭합니다. 선남자여, 그대는 능히 아뇩다라삼먁삼보리심을 내었습니다."

善^선男^남子^자야 我^아善^선別^별知^지一^일切^체諸^제香^향하며 亦^역知^지調^조合^합一^일
切^체香^향法^법하니 所^소謂^위一^일切^체香^향과 一^일切^체燒^소香^향과 一^일切^체塗^도香^향과 一^일切^체末^말香^향이며 亦^역知^지如^여是^시一^일切^체香^향王^왕所^소出^출之^지處^처하며

"선남자여, 저는 일체 모든 향을 잘 분별하여 알며, 또한 모든 향을 조화하여 만드는 법을 압니다. 이른바 모든 향과, 모든 사르는 향과, 모든 바르는 향과, 모든

가루 향이며, 또한 이와 같은 일체 향이 나는 곳도 압
니다."

선재동자가 간곡히 법을 청하자 육향장자는 선재동자의
보리심 발한 것을 찬탄하고 향을 파는 선지식답게 자신은
일체 모든 향을 잘 분별하여 알며 또한 모든 향을 조화하여
만드는 법을 잘 안다고 설명하였다.

又善了知天香과 龍香과 夜叉香과 乾闥婆와 阿
修羅와 迦樓羅와 緊那羅와 摩睺羅伽와 人非人等의
所有諸香하며

"또한 하늘 향과, 용의 향과, 야차의 향과, 건달바와
아수라와 가루라와 긴나라와 마후라가와 사람과 사람
아닌 이들의 모든 향을 잘 압니다."

우선별지치제병향   단제악향   생환희향
又善別知治諸病香과 斷諸惡香과 生歡喜香과

증번뇌향   멸번뇌향   영어유위   생낙착향
增煩惱香과 滅煩惱香과 令於有爲에 生樂着香과

영어유위   생염리향   사제교일향   발심염
令於有爲에 生厭離香과 捨諸憍逸香과 發心念

불향   증해법문향   성소수용향   일체보살차
佛香과 證解法門香과 聖所受用香과 一切菩薩差

별향   일체보살지위향
別香과 一切菩薩地位香호라

"또 여러 가지 병을 다스리는 향과, 모든 나쁜 짓을 끊는 향과, 환희한 마음을 내는 향과, 번뇌를 증장하게 하는 향과, 번뇌를 소멸하게 하는 향과, 함이 있는 법에 애착을 내게 하는 향과, 함이 있는 법에 싫은 생각을 내게 하는 향과, 모든 교만과 방일을 버리는 향과, 마음을 내어 부처님을 생각하는 향과, 법문을 증득하고 이해하는 향과, 성인이 받아 쓰는 향과, 모든 보살의 차별한 향과, 모든 보살 지위의 향을 잘 분별하여 압니다."

여시등향　형상생기　출현성취　청정안은
如是等香의 **形相生起**와 **出現成就**와 **清淨安隱**과

방편경계　위덕업용　급이근본　여시일체
方便境界와 **威德業用**과 **及以根本**인 **如是一切**를

아개요달
我皆了達호라

"이와 같은 등 향의 형상과 생기는 일과 나타나고 성취함과 청정하고 편안함과 방편과 경계와 위덕과 업의 작용과 그리고 근본인 이와 같은 모든 것을 제가 다 통달하여 압니다."

육향장자 선지식은 참으로 향에 대해서 많이 안다. 세상에 어찌하여 이와 같은 향이 있으며, 설사 있다 한들 어떻게 그 모든 것을 다 알 수 있었을까. 다음은 더욱 놀라운 내용이다. 인간 세상에서부터 수야마천과 도솔천과 선변화천 등에 있는 향까지 남김없이 다 소개하였다.

善男子야 人間에 有香하니 名曰象藏이라 因龍鬪生이니 若燒一丸에 卽起大香雲하야 彌覆王都하야 於七日中에 雨細香雨하며

"선남자여, 인간 세상에 향이 있는데 이름이 상장象藏이요, 용이 싸울 적에 생기는데 만약 한 개만 살라도 큰 향기 구름을 일으켜 도성都城을 다 덮으며, 7일 동안 미세한 향기 비[細香雨]를 내립니다."

若着身者인댄 身則金色이요 若着衣服宮殿樓閣하야도 亦皆金色이며

"만약 몸에 닿으면 몸은 곧 금빛이 되고, 만약 의복이나 궁전이나 누각에 닿아도 또한 금빛으로 변합니다."

若因風吹_{하야} 入宮殿中_에 衆生嗅者_가 七日七夜_를 歡喜充滿_{하야} 身心快樂_{하야} 無有諸病_{하며} 不相侵害_{하야} 離諸憂苦_{하며} 不驚不怖_{하고} 不亂不恚_{하며} 慈心相向_{하야} 志意淸淨_{하나니} 我知是已_에 而爲說法_{하야} 令其決定發阿耨多羅三藐三菩提心_{케호라}

"만약 바람에 날려 궁전 안에 들어가면 그 향기를 맡은 중생은 7일 낮 7일 밤 동안 환희하고 몸과 마음이 쾌락해지며, 병환은 침노하지 못하고 모든 근심이 없어져 놀라지도 않고 무섭지도 않고 어지럽지도 않고 성내지도 않으며, 인자한 마음으로 서로 대하고 뜻이 청정하여지나니, 저는 그것을 알고 나서 법을 설하여 그들로 하여금 아뇩다라삼먁삼보리심을 내게 합니다."

善男子야 摩羅耶山에 出栴檀香하니 名曰牛頭니 若以塗身하면 設入火坑이라도 火不能燒니라

"선남자여, 마라야산에 전단향이 나는데 이름이 우두牛頭입니다. 만약 몸에 바르면 설사 불구덩이에 들어가도 불이 능히 태울 수 없습니다."

善男子야 海中에 有香하니 名無能勝이니 若以塗鼓와 及諸螺貝하면 其聲發時에 一切敵軍이 皆自退散이니라

"선남자여, 바닷속에 향이 있으니 이름이 무능승無能勝입니다. 만약 북이나 소라나 조개 등에 바르면 소리가 날 적에 모든 적군이 모두 저절로 물러갑니다."

善男子야 阿那婆達多池邊에 出沈水香하니 名
蓮華藏이니 其香一丸이 如麻子大를 若以燒之하면
香氣가 普熏閻浮提界하야 衆生聞者가 離一切罪
하야 戒品淸淨이니라

"선남자여, 아나바달다 못가에 침수향이 나는데 이름이 연화장蓮華藏입니다. 만약 그 향의 한 개를 삼 씨만큼만 태워도 향기가 염부제에 널리 풍기고, 중생들이 맡으면 모든 죄를 여의고 계행戒行이 청정하여집니다."

善男子야 雪山에 有香하니 名阿盧那라 若有衆
生이 嗅此香者는 其心이 決定離諸染着이니 我爲
說法하야 莫不皆得離垢三昧니라

"선남자여, 설산에 향이 있으니 이름이 아로나阿盧那입니다. 만약 중생이 이 향을 맡으면 그 마음이 결정코 모든 물드는 집착을 여의며, 내가 법을 설하면 때를 여읜 삼매를 얻지 못하는 이가 없습니다."

善男子_야 羅刹界中_에 有香_{하니} 名海藏_{이라} 其香_이 但爲轉輪王用_{이니} 若燒一丸_{하야} 而以熏之_{하면} 王及四軍_이 皆騰虛空_{이니라}

"선남자여, 나찰 세계에 향이 있으니 이름이 해장海藏입니다. 그 향은 다만 전륜왕만 사용하는데 만약 한 개만 피워서 풍겨도 전륜왕과 네 군대가 모두 허공에 날아오릅니다."

善男子_야 善法天中_에 有香_{하니} 名淨莊嚴_{이니} 若

燒一丸_{하야} 而以熏之_{하면} 普使諸天_{으로} 心念於佛_{이니라}

"선남자여, 선법천에 향이 있으니 이름이 정장엄淨莊嚴입니다. 만약 한 개만 피워서 풍겨도 널리 여러 하늘들로 하여금 부처님을 생각하게 합니다."

善男子_야 須夜摩天_에 有香_{하니} 名淨藏_{이니} 若燒一丸_{하야} 而以熏之_{하면} 夜摩天衆_이 莫不雲集彼天王所_{하야} 而共聽法_{이니라}

"선남자여, 수야마천에 향이 있으니 이름이 정장淨藏입니다. 만약 한 개만 피워서 풍겨도 수야마천 대중이 모두 다 그 천왕의 처소로 모여 와서 함께 법문을 듣습니다."

善男子야 兜率天中에 有香하니 名先陀婆니 於
一生所繫菩薩座前에 燒其一丸하면 興大香雲하야
徧覆法界하야 普雨一切諸供養具하야 供養一切
諸佛菩薩이니라

"선남자여, 도솔천에 향이 있으니 이름이 선타바先陀
婆입니다. 일생보처 보살이 앉은 앞에서 한 개만 피워도
큰 향기 구름을 일으켜서 법계를 뒤덮고 일체 모든 공
양거리를 널리 비처럼 내려 일체 모든 부처님과 보살들
께 공양합니다."

善男子야 善變化天에 有香하니 名曰奪意니 若
燒一丸하면 於七日中에 普雨一切諸莊嚴具니라

"선남자여, 선변화천에 향이 있으니 이름이 탈의奪意

입니다. 만약 한 개만 피워도 7일 동안 일체 모든 장엄거리를 비처럼 내립니다."

인간 세상에서부터 수야마천과 도솔천과 선변화천 등 열 곳에 있는 향까지 특별한 향을 낱낱이 소개하여 마쳤다. 실로 놀라운 향을 파는 선지식이다.

3) 자기는 겸손하고 다른 이의 수승함을 추천하다

善男子야 我唯知此調和香法이어니와 如諸菩薩摩訶薩은 遠離一切諸惡習氣하야 不染世欲하며 永斷煩惱衆魔罥索하야 超諸有趣하며

"선남자여, 저는 다만 이 향을 화합하는 법을 알거니와 모든 보살마하살은 일체 모든 나쁜 버릇을 멀리 여의어 세상 탐욕에 물들지 않으며, 번뇌 마군의 오랏줄

을 아주 끊고 모든 길에서 벗어났으며,

以智慧香_{이지혜향}으로 而自莊嚴_{이자장엄}하야 於諸世間_{어제세간}에 皆無染着_{개무염착}하며 具足成就無所着戒_{구족성취무소착계}하야 淨無着智_{정무착지}하고 行無着境_{행무착경}하며 於一切處_{어일체처}에 悉無有着_{실무유착}하야 其心平等_{기심평등}하야 無着無依_{무착무의}하나니

지혜의 향으로 스스로 장엄하여 모든 세간에서 물들지 않으며, 집착이 없는 계율을 구족하게 성취하며, 집착이 없는 지혜를 깨끗이 하고 집착이 없는 경계를 행하며, 모든 곳에 애착이 없고 그 마음이 평등하여 집착도 없고 의지함도 없습니다."

而我何能知其妙行_{이아하능지기묘행}이며 說其功德_{설기공덕}이며 顯其所_{현기소}

유청정계문　　시기소작무과실업　　변기이
有淸淨戒門이며 **示其所作無過失業**이며 **辨其離**

염신어의행
染身語意行이리오

 "그러나 제가 어떻게 그 묘한 행을 능히 알며, 그 공덕을 말하며, 그들이 지닌 청정한 계율의 문을 나타내며, 그들이 짓는 허물이 없는 업을 보이며, 그들의 물들지 않는 몸과 말과 뜻의 행을 말하겠습니까."

4) 다음 선지식 찾기를 권유하다

　　선남자　　어차남방　　유일대성　　　명왈누각
善男子야 **於此南方**에 **有一大城**하니 **名曰樓閣**

　　중유선사　　명바시라　　여예피문　　　보살
이요 **中有船師**하니 **名婆施羅**니 **汝詣彼問**호대 **菩薩**이

운하학보살행　　수보살도　　　　시　　선재동
云何學菩薩行이며 **修菩薩道**리잇고하라 **時**에 **善財童**

자　　정례기족　　요무량잡　　은근첨앙　　사
子가 **頂禮其足**하며 **繞無量帀**하며 **殷勤瞻仰**하고 **辭**

퇴 이 거
退而去하니라

"선남자여, 여기서 남쪽에 큰 성이 있으니 이름이 누각樓閣이요, 그곳에 뱃사공[船師]이 있으니 이름을 바시라婆施羅라 합니다. 그대는 그에게 가서 '보살이 어떻게 보살의 행을 배우며 보살의 도를 닦습니까?'라고 물으십시오." 그때에 선재동자는 그의 발에 엎드려 절하고 한량없이 돌고 은근하게 앙모하면서 하직하고 물러갔습니다.

문수지남도 제23, 선재동자가 바시라선사를 친견하다.

23. 바시라선사 婆施羅船師
제2 불괴회향不壞迴向 선지식

1) 바시라선사를 뵙고 법을 묻다

(1) 가르침에 의지하여 선지식을 찾다

이 시 선 재 동 자 향 누 각 성   관 찰 도 로
爾時에 善財童子가 向樓閣城하야 觀察道路하니

소위관도고비   관도이험   관도정예 관
所謂觀道高卑하며 觀道夷險하며 觀道淨穢하며 觀

도곡직   점차유행   작시사유
道曲直하고 漸次遊行하야 作是思惟호대

그때에 선재동자가 누각성을 향하면서 길을 살피니, 이른바 길이 높고 낮음을 보며, 길이 평탄하고 험함을 보며, 길이 깨끗하고 더러움을 보며, 길이 굽고 곧음을 보며 점점 나아가면서 이렇게 생각하였습니다.

선재동자가 선지식을 찾아가면서 걸어가는 길을 살펴보니 높기도 하고 낮기도 하고, 평탄하기도 하고 험하기도 하고, 깨끗하기도 하고 더럽기도 하고, 굽기도 하고 곧기도 하였다. 비단 걸어가는 도로만 그렇겠는가. 선지식을 찾아가는 일이 그렇고 사람들 하루하루의 삶이 그러할 것이다.

我^아當^당親^친近^근彼^피善^선知^지識^식이니 善^선知^지識^식者^자는 是^시成^성就^취修^수行^행諸^제菩^보薩^살道^도因^인이며 是^시成^성就^취修^수行^행波^바羅^라蜜^밀道^도因^인이며
是^시成^성就^취修^수行^행攝^섭衆^중生^생道^도因^인이며

'내가 마땅히 저 선지식을 친근하리니 선지식은 모든 보살의 도를 수행함을 성취할 원인이며, 바라밀다의 도를 수행함을 성취할 원인이며, 중생을 거둬 주는 도를 수행함을 성취할 원인이며,

是成就修行普入法界無障礙道因이며 是成就
修行令一切衆生除惡慧道因이며 是成就修行令
一切衆生離憍慢道因이며 是成就修行令一切衆
生滅煩惱道因이며

법계에 두루 들어가되 장애가 없는 도를 수행함을 성취할 원인이며, 모든 중생에게 악한 꾀[惡慧]를 제거하게 하는 도를 수행함을 성취할 원인이며, 모든 중생에게 교만을 여의게 하는 도를 수행함을 성취할 원인이며, 모든 중생에게 번뇌를 없애는 도를 수행함을 성취할 원인이며,

是成就修行令一切衆生捨諸見道因이며 是成
就修行令一切衆生拔一切惡刺道因이며 是成就

수행영일체중생지일체지성도인
修行令一切衆生至一切智城道因이니라

모든 중생에게 여러 가지 소견을 버리게 하는 도를 수행함을 성취할 원인이며, 모든 중생에게 갖가지 나쁜 가시를 뽑게 하는 도를 수행함을 성취할 원인이며, 모든 중생에게 일체 지혜의 성에 이르게 하는 도를 수행함을 성취할 원인이 되리라.

하이고 어선지식처 득일체선법고 의선
何以故오 **於善知識處**에 **得一切善法故**며 **依善**
지식력   득일체지도고   선지식자   난견난
知識力하야 **得一切智道故**니 **善知識者**는 **難見難**
우   여시사유   점차유행
遇라하야 **如是思惟**하고 **漸次遊行**하니라

왜냐하면 선지식에게서 모든 착한 법을 얻은 연고며, 선지식의 힘을 의지하여 일체 지혜의 길을 얻는 연고이니, 선지식은 친견하기 어렵고 만나기 어렵다.'라고 하여 이와 같이 생각하면서 점점 걸어갔습니다.

선재동자가 선지식을 찾아갈 때마다 생각하는 내용이 있는데 이번에는 선지식이란 온갖 수승한 수행을 성취하는 원인이 된다는 점을 깊이 생각하였다. 선지식은 모든 보살의 도를 수행하여 그것을 성취할 원인이며, 바라밀다의 도를 수행하여 그것을 성취할 원인이며, 중생을 거둬 주는 도를 수행하여 그것을 성취할 원인이라고 하는 등 열 가지 원인이 됨을 밝혔다.

(2) 공경을 나타내고 법을 묻다

既至彼城_{하야} 見其船師_가 在城門外海岸上住_{하니} 百千商人_과 及餘無量大衆圍繞_{하야} 說大海法_{하야} 方便開示佛功德海_{어늘} 善財_가 見已_{하고} 往詣其所_{하야} 頂禮其足_{하며} 繞無量帀_{하며} 於前合掌_{하고} 而作是言_{호대}

이미 그 성에 이르러 그 뱃사공[船師]을 보니 성문 밖 바닷가 언덕 위에 있으면서 백천의 장사꾼과 그 외의 한량없는 대중에게 둘러싸여서 큰 바다의 법을 말하며, 부처님의 공덕 바다를 방편으로 일러 주고 있었습니다. 선재동자가 보고 나서 그 앞에 나아가 그의 발에 절하고 한량없이 돌고 앞에서 합장하고 말하였습니다.

聖者여 我已先發阿耨多羅三藐三菩提心호니
而未知菩薩이 云何學菩薩行이며 云何修菩薩道
리잇고 我聞聖者는 善能敎誨라하니 願爲我說하소서

"거룩하신 이여, 저는 이미 아뇩다라삼먁삼보리심을 내었습니다. 그러나 아직 보살이 어떻게 보살의 행을 배우며 어떻게 보살의 도를 닦는지를 알지 못합니다. 제가 들으니 거룩하신 이께서 잘 가르치신다 하오니 원컨대 저를 위하여 말씀하여 주십시오."

2) 바시라선사가 법을 설하다

(1) 선재동자의 질문을 부연 해석하다

船師가 告言하사대 善哉善哉라 善男子여 汝已能
發阿耨多羅三藐三菩提心하고 今復能問生大智
因과 斷除一切生死苦因과 往一切智大寶洲因과

뱃사공이 말하였습니다. "훌륭하고 훌륭합니다. 선남자여, 그대는 이미 아뇩다라삼먁삼보리심을 내었고, 이제 다시 큰 지혜를 내는 원인[因]과, 모든 생사의 괴로움을 끊는 원인과, 일체 지혜의 큰 보배 섬에 가는 원인과,

成就不壞摩訶衍因과 遠離二乘의 怖畏生死하고
住諸寂靜三昧旋因과 乘大願車하고 徧一切處하야

<ruby>行<rt>행</rt>菩<rt>보</rt>薩<rt>살</rt>行<rt>행</rt></ruby>에 <ruby>無<rt>무</rt>有<rt>유</rt>障<rt>장</rt>礙<rt>애</rt>淸<rt>청</rt>淨<rt>정</rt>道<rt>도</rt>因<rt>인</rt></ruby>과

무너지지 않는 대승大乘을 성취하는 원인과, 이승二乘들이 생사를 두려워하여 고요한 삼매의 소용돌이에 머무름을 멀리 여의는 원인과, 큰 서원의 수레를 타고 모든 곳에 두루 하여 보살의 행을 수행하되 장애가 없는 청정한 도의 원인과,

<ruby>以<rt>이</rt>菩<rt>보</rt>薩<rt>살</rt>行<rt>행</rt></ruby>으로 <ruby>莊<rt>장</rt>嚴<rt>엄</rt>一<rt>일</rt>切<rt>체</rt>無<rt>무</rt>能<rt>능</rt>壞<rt>괴</rt>智<rt>지</rt>淸<rt>청</rt>淨<rt>정</rt>道<rt>도</rt>因<rt>인</rt></ruby>과
<ruby>普<rt>보</rt>觀<rt>관</rt>一<rt>일</rt>切<rt>체</rt>十<rt>시</rt>方<rt>방</rt>諸<rt>제</rt>法<rt>법</rt></ruby>이 <ruby>皆<rt>개</rt>無<rt>무</rt>障<rt>장</rt>礙<rt>애</rt>淸<rt>청</rt>淨<rt>정</rt>道<rt>도</rt>因<rt>인</rt></ruby>과 <ruby>速<rt>속</rt>能<rt>능</rt>趣<rt>취</rt>入<rt>입</rt>一<rt>일</rt>切<rt>체</rt>智<rt>지</rt>海<rt>해</rt>淸<rt>청</rt>淨<rt>정</rt>道<rt>도</rt>因<rt>인</rt></ruby>이로다

보살의 행으로 깨뜨릴 수 없는 일체 지혜를 장엄하는 청정한 도의 원인과, 일체 시방의 모든 법을 두루 관찰하되 장애가 없는 청정한 도의 원인과, 일체 지혜의 바다에 빨리 들어가는 청정한 도의 원인을 물었습니다."

선재동자가 이미 보리심을 발하여 보살이 어떻게 보살의 행을 배우며 어떻게 보살의 도를 닦는지에 대해서 질문한 것을 바시라 뱃사공 선지식은 위와 같이 갖가지 불도의 원인을 물은 것이라고 부연해서 설명하였다. 즉 보살행과 보살도 안에는 큰 지혜를 내는 원인[因]과, 모든 생사의 괴로움을 끊는 원인과, 일체 지혜의 보배 섬에 가는 원인 등이 갖춰져 있음을 밝혔다. 대승의 문제와 성문이나 독각들의 문제나 큰 서원으로 보살행을 수행하는 문제들까지 보살대승법이 빠짐없이 포함된 것이 보살행이며 보살도라는 것이다.

(2) 중생을 위하여 닦는 보살의 도

善男子야 我在此城海岸路中하야 淨修菩薩大
悲幢行호라

　　"선남자여, 저는 이 성의 바닷가에 있으면서 보살의 크게 가엾이 여기는 당기幢旗의 행을 청정하게 닦았습니다."

善男子야 我觀閻浮提內貧窮衆生하야 爲饒益
故로 修諸苦行하야 隨其所願하야 悉令滿足호대 先
以世物로 充滿其意하고

"선남자여, 저는 염부제에 있는 빈궁한 중생들을 보고 그들을 이익되게 하려고 여러 가지 고행을 닦으며, 그들의 소원을 모두 만족하게 하는데, 먼저 세상 물건을 주어 그 마음을 충만하게 합니다."

바시라 뱃사공 선지식은 바닷가에 있으면서 보살의 크게 가엾이 여기는 행을 청정하게 닦았기 때문에 먼저 세상의 빈궁한 중생들을 보고 그들을 이익되게 하려고 그들이 원하는 세상 물질을 베풀어서 마음을 흡족하게 하였다.

맹자(기원전 372~289)가 양혜왕(기원전 400~334)을 만나서 한 말 가운데, "경제적으로 생활이 안정되지 않아도 항상 바른 마음을 가질 수 있는 것은 오직 뜻있는 선비만이 가능한 일입니다. 일반 백성에 이르러서는 경제적 안정이 없으면 항상 바른 마음을 가질 수 없습니다."[2] 라는 말이 있다. 보통 사람에게는 금강산도 식후경이듯이 비록 진리의 가르침이라 하더라도 기본적인 의식주 문제가 해결되어야 그 가르침이 마음에 들어가기 때문이다.

復_부施_시法_법財_재하야 令_영其_기歡_환喜_희하며 令_영修_수福_복行_행하며 令_영生_생智_지道_도하며 令_영增_증善_선根_근力_력하며 令_영起_기菩_보提_리心_심하며 令_영淨_정菩_보提_리願_원하며 令_영堅_견大_대悲_비力_력하며 令_영修_수能_능滅_멸生_생死_사道_도하며 令_영生_생不_불厭_염生_생死_사行_행하며

"다시 법의 재물을 보시하여 그들을 환희하게 하고, 복덕의 행을 닦게 하고, 지혜를 내게 하고, 착한 뿌리의 힘을 늘게 하고, 보리심을 일으키게 하고, 보리의 원을 청정하게 하고, 크게 가엾이 여기는 마음을 견고하게

---

2) 無恒產而有恒心者 唯士爲能 若民則無恒產 因無恒心.

하고, 능히 생사를 없애는 도를 닦게 하고, 생사를 싫어하지 않는 행을 내게 합니다."

사람에게 기본적인 의식주 문제가 해결되었다면 다음에는 진리의 가르침인 법의 재물을 보시하여 그들을 환희하게 하고, 복덕의 행을 닦게 하고, 지혜를 내게 하고, 선근의 힘을 늘게 하고, 보리심을 일으키게 하는 것이다. 만약 기본적인 의식주 문제가 해결되었는데도 인간의 도리와 세상의 참다운 이치에 대해서 공부하는 것을 외면한다면 그것은 동식물과 다름없다. 그래서 바시라선사 선지식은 처음에는 세상살이에 필요한 물질을 제공하고 다음에는 법을 보시한 것이다.

令攝一切衆生海하며 令修一切功德海하며 令照一切諸法海하며 令見一切諸佛海하며 令入一

_{체 지 지 해} _{선 남 자} _{아 주 어 차} _{여 시 사 유}
切智智海_{하노니} **善男子**_야 **我住於此**_{하야} **如是思惟**
_{여 시 작 의} _{여 시 이 익 일 체 중 생}
_{하며} **如是作意**_{하며} **如是利益一切衆生**_{호라}

"모든 중생 바다를 거둬 주게 하고, 모든 공덕 바다를 닦게 하고, 일체 모든 법의 바다를 비추게 하고, 일체 모든 부처님 바다를 보게 하고, 일체 지혜의 지혜 바다에 들어가게 합니다. 선남자여, 저는 여기에 있어서 이와 같이 생각하고 이와 같이 뜻을 가지고 이와 같이 모든 중생을 이익되게 합니다."

법을 베풀어서 그들로 하여금 보리심을 발하게 하고, 중생을 연민히 여기는 힘을 견고하게 해서, 그 중생들이 다시 모든 중생 바다를 거둬 주게 하고, 모든 공덕 바다를 닦게 하고, 일체 모든 법의 바다를 비추게 해서, 궁극에는 일체 중생을 이익되게 한다.

(3) 바다의 보배를 다 알다

善男子야 我知海中一切寶洲와 一切寶處와 一切寶類와 一切寶種하며

"선남자여, 저는 바다에 있는 모든 보배의 섬과, 모든 보배의 처소와, 모든 보배의 종류와, 모든 보배의 근본을 압니다."

我知淨一切寶와 鑽一切寶와 出一切寶와 作一切寶하며

"저는 모든 보배를 깨끗이 하고, 모든 보배를 연마하고, 모든 보배를 찾아내고, 모든 보배를 만들 줄 압니다."

我知一切寶器와 一切寶用과 一切寶境界와

일체보광명
一切寶光明하며

"저는 모든 보배의 그릇과, 모든 보배의 쓰임과, 모든 보배의 경계와, 모든 보배의 광명을 압니다."

아지일체용궁처 　 일체야차궁처 　 일체부
我知一切龍宮處와 **一切夜叉宮處**와 **一切部**
다궁처 　 　 개선회피 　 　 면기제난
多宮處하야 **皆善迴避**하야 **免其諸難**하나라

"저는 모든 용궁의 처소와, 모든 야차 궁전의 처소와, 모든 부다 궁전의 처소를 알아서 잘 회피하여 그들의 재난을 면합니다."

바시라 뱃사공 선지식은 뱃사공답게 바다에 있는 일체 보물을 잘 안다. 또한 용궁과 야차 궁전과 귀신 종류의 일종인 부다部多까지 잘 알아서 그들을 피해서 재난을 면하기도 한다.

(4) 바다에 대한 모든 것을 다 알다

亦^역善^선別^별知^지漩^선澓^복淺^천深^심과 波^파濤^도遠^원近^근과 水^수色^색好^호惡^악의 種^종種^종不^부同^동하며

"또한 소용돌이치는 곳과, 얕은 곳과, 깊은 곳과, 파도가 멀고 가까운 것과, 물빛이 좋고 나쁜 것이 여러 가지로 같지 아니한 것을 잘 분별하여 압니다."

亦^역善^선別^별知^지日^일月^월星^성宿^수의 運^운行^행度^도數^수와 晝^주夜^야晨^신晡^포와 晷^귀漏^루延^연促^촉하며

"또 일월성수가 돌아가는 도수와 밤과 낮과 새벽과 저녁 나절과 시각과 누수漏水가 늦고 빠름을 잘 분별하여 압니다."

亦知其船의 鐵木堅脆와 機關澁滑과 水之大小와 風之逆順하야 如是一切安危之相을 無不明了하야 可行則行하고 可止則止하니라

"또 배의 철물과, 나무가 굳고 연한 것과, 기관이 껄끄럽고 미끄러움과, 물이 많고 적음과, 바람이 순하고 거슬림을 잘 알아, 이와 같은 모두 편안하고 위태로운 것을 분명하게 알고서 갈 만하면 곧 가고 멈추어야 하면 곧 멈춥니다."

善男子야 我以成就如是智慧하야 常能利益一切衆生하노라

"선남자여, 저는 이와 같은 지혜를 성취하여 항상 일체 중생을 이익되게 합니다."

바시라 뱃사공 선지식은 또 바다에 대한 모든 것을 다 잘 알아서 중생들을 이익하게 한다. 바다의 소용돌이치는 곳과 얕은 곳과 깊은 곳과 파도가 멀고 가까운 것과 물빛이 좋고 나쁜 것을 다 잘 안다. 일월성수가 돌아가는 도수까지 알며, 배에 대해서도 빠짐없이 잘 안다. 가위 선사船師라 할 만하다.

(5) 큰 배로 중생들을 이익되게 하다

善男子야 我以好船으로 運諸商衆하야 行安隱道하며 復爲說法하야 令其歡喜하고 引至寶洲하야 與諸珍寶하야 咸使充足한 然後에 將領還閻浮提호라

"선남자여, 저는 안전한 배로 모든 장사하는 대중을 태우고 편안한 길을 가게 하며, 다시 법을 설하여 그들을 기쁘게 하면서 보배가 있는 섬으로 인도하여 여러 가지 진기한 보물을 주어 다 만족하게 한 연후에 그들

을 거느리고 염부제로 돌아옵니다."

바시라 뱃사공 선지식은 배를 운항하여 사람들에게 물질로써 이익하게 하고 나서는 반드시 법을 설하여 세상 이치를 깨우쳐 그들을 기쁘게 한다. 상인들에게 물질만 충족하게 하고 진리의 가르침을 설해 주지 않는다면 봉사와 선행은 있으나 이치에 대한 깨우침이 없으므로 불교적인 봉사와 선행이라 할 수 없다.

선남자   아장대선   여시왕래   미시영
善男子야 **我將大船**하야 **如是往來**호대 **未始令**

기일유손괴   약유중생   득견아신   문아
其一有損壞로니 **若有衆生**이 **得見我身**이어나 **聞我**

법자   영기영불포생사해   필득입어일체지
法者면 **令其永不怖生死海**하야 **必得入於一切智**

해   필능소갈제애욕해
海하며 **必能消竭諸愛欲海**하며

"선남자여, 저는 큰 배를 가지고 이와 같이 다니지만

일찍이 한 번도 실수한 일이 없습니다. 만약 어떤 중생이 내 몸을 보거나 내 법문을 들은 이는 영원히 나고 죽는 바다를 무서워하지 않게 되고, 반드시 일체 지혜의 바다에 들어가며, 반드시 모든 애욕의 바다를 말려 버립니다."

바시라 뱃사공 선지식의 법력은 이와 같다. "만약 어떤 중생이 내 몸을 보거나 내 법문을 들은 이는 영원히 나고 죽는 바다를 무서워하지 않게 되고, 반드시 일체 지혜의 바다에 들어가며, 반드시 모든 애욕의 바다를 말려 버린다." 이 얼마나 수승한 선지식인가. 특히 나고 죽는 바다를 무서워하지 않게 된다니 이럴 수도 있단 말인가.

能以智光으로 照三世海하며 能盡一切衆生苦海하며 能淨一切衆生心海하며 速能嚴淨一切刹

해
海하며

"능히 지혜의 광명으로 세 세상 바다를 비추며, 능히 일체 중생의 고통 바다를 다하게 하며, 능히 일체 중생의 마음 바다를 청정하게 하며, 능히 일체 세계 바다를 빨리 청정하게 하며,

普能往詣十方大海하며 普知一切衆生根海하며
普了一切衆生行海하며 普順一切衆生心海케호라

시방세계의 큰 바다에 두루 가서 일체 중생의 근성 바다를 널리 알고, 일체 중생의 수행 바다를 두루 알고, 일체 중생의 마음 바다를 널리 따릅니다."

선지식은 궁극에 모든 부처님이 하시는 일과 일체 보살들이 하시는 일을 다 성취하고 다 알고 다 원만히 한다.

3) 자기는 겸손하고 다른 이의 수승함을 추천하다

善男子야 我唯得此大悲幢行하야 若有見我어나 及以聞我어나 與我同住어나 憶念我者면 皆悉不空이어니와

"선남자여, 저는 다만 이 크게 가엾이 여기는 당기의 행을 얻었으므로 만일 저를 보거나 저의 음성을 듣거나 저와 함께 있거나 저를 생각하는 이는 조금도 헛되지 않게 하지만,

바시라 뱃사공 선지식이 자신이 할 수 있는 법을 모두 정리해서 밝혔다. 그 내용이 참으로 놀랍다. 만일 그를 보거나 그의 음성을 듣거나 그와 함께 있거나 그를 생각하는 이는 조금도 헛되지 않고 큰 이익을 얻는다는 것이다. 중생들을 교화하는데 이와 같이만 할 수 있다면 무엇을 더 바라겠는가.

여제보살마하살   선능유섭생사대해   불
如諸菩薩摩訶薩은 善能遊涉生死大海하며 不

염일체제번뇌해   능사일체제망견해   능
染一切諸煩惱海하며 能捨一切諸妄見海하며 能

관일체제법성해   능이사섭   섭중생해
觀一切諸法性海하며 能以四攝으로 攝衆生海하며

모든 보살마하살은 능히 생사의 큰 바다에 잘 다니면서도 일체 모든 번뇌 바다에 물들지 않고, 일체 모든 허망한 소견 바다를 버리며, 일체 모든 법의 성품 바다를 살피고, 네 가지 거둬 주는 법으로 중생 바다를 거두어 주며,

이선안주일체지해   능멸일체중생착해
已善安住一切智海하며 能滅一切衆生着海하며

능평등주일체시해   능이신통   도중생해
能平等住一切時海하며 能以神通으로 度衆生海하며

능이기시   조중생해   이아운하능지능설
能以其時로 調衆生海하나니 而我云何能知能說

피공덕행
彼功德行이리오

이미 일체 지혜의 바다에 잘 머물러서 일체 중생의 애착 바다를 소멸하고, 일체 시간의 바다에 평등하게 있으면서 신통으로 중생 바다를 제도하며, 때를 놓치지 않고 중생 바다를 조복합니다. 그러나 제가 그 공덕의 행을 어떻게 능히 알며 능히 말하겠습니까."

바시라 뱃사공 선지식은 스스로 그와 같이 수승한 공덕과 능력이 있으나 이와 같이 다른 모든 보살들의 법을 한껏 드러내어 찬탄하면서 끝내 "제가 그 공덕의 행을 어떻게 능히 알며 능히 말하겠습니까."라고 겸손해하였다.

4) 다음 선지식 찾기를 권유하다

善男子_야 於此南方_에 有城_{하니} 名可樂_{이요} 中有
(선남자) (어차남방) (유성) (명가락) (중유)

長者_{하니} 名無上勝_{이니} 汝詣彼問_{호대} 菩薩_이 云何
(장자) (명무상승) (여예피문) (보살) (운하)

학 보 살 행 　　수 보 살 도
學菩薩行이며 **修菩薩道**리잇고하라

"선남자여, 여기서 남쪽에 성이 있으니 이름이 가락可樂이요, 그곳에 장자가 있으니 이름이 무상승無上勝입니다. 그대는 그에게 가서 '보살이 어떻게 보살의 행을 배우며 보살의 도를 닦습니까?'라고 물으십시오."

　　시　　선 재 동 자　　정 례 기 족　　요 무 량 잡　　은
時에 **善財童子**가 **頂禮其足**하며 **繞無量帀**하며 **殷**

근 첨 앙　　　비 읍 유 루　　　구 선 지 식　　심 무 염 족
勤瞻仰하며 **悲泣流淚**하며 **求善知識**에 **心無厭足**하야

사 퇴 이 거
辭退而去하니라

그때에 선재동자는 그의 발에 엎드려 절하고 한량없이 돌고 은근하게 앙모하고 슬피 울면서 선지식을 구하는 마음을 싫어할 줄 모르며 하직하고 떠났습니다.

문수지남도 제24, 선재동자가 무상승장자를 친견하다.

24. 무상승장자 無上勝長者
제3 등일체불회향等一切佛廻向 선지식

1) 무상승장자를 뵙고 법을 묻다

(1) 선재동자가 구한 보살의 도

爾時에 善財童子가 起大慈周徧心과 大悲潤澤心하야 相續不斷하며 福德智慧가 二種莊嚴하며 捨離一切煩惱塵垢하며 證法平等하야 心無高下하며

그때에 선재동자가 크게 인자함으로 두루 하는 마음과 크게 가엾이 여김으로 윤택한 마음을 일으켜서 계속하여 끊이지 아니하고, 복덕과 지혜의 두 가지로 장엄하며, 모든 번뇌의 때를 버리고 평등한 법을 증득하여

마음이 높고 낮음이 없었습니다.

拔_발不_불善_선刺_자하야 滅_멸一_일切_체障_장하며 堅_견固_고精_정進_진으로 以_이爲_위牆_장塹_참하며 甚_심深_심三_삼昧_매로 而_이作_작園_원苑_원하며 以_이慧_혜日_일光_광으로 破_파無_무明_명暗_암하며

선하지 않은 가시를 뽑아 모든 장애를 없애고, 견고하게 정진함으로 담과 해자를 삼고, 매우 깊은 삼매로 정원을 만들며, 지혜의 햇빛으로 무명의 어두움을 깨뜨렸습니다.

以_이方_방便_편風_풍으로 開_개智_지慧_혜華_화하며 以_이無_무礙_애願_원으로 充_충滿_만法_법界_계하며 心_심常_상現_현入_입一_일切_체智_지城_성하야 如_여是_시而_이求_구菩_보薩_살

지 도   점 차 경 력   도 피 성 내
之道할새 **漸次經歷**하야 **到彼城內**하니라

 방편의 바람으로 지혜의 꽃을 피게 하고, 걸림 없는 서원으로 법계에 가득하며, 마음은 항상 일체 지혜의 성에 들어감을 나타내어, 이와 같이 보살의 도를 구하면서 점점 앞으로 나아가 그 성내城內에 이르렀습니다.

 선재동자는 선지식을 친견할 때마다 언제나 보살의 행과 보살의 도를 물었다. 이 단락은 그동안 보살의 도를 구한 것에 대한 정리이기도 하다. 크게 인자함으로 두루 하는 마음과 크게 가엾이 여김으로 윤택한 마음을 일으켜서 계속하여 끊이지 아니하고, 복덕과 지혜로 장엄하는 등 실로 보살로서 갖춰야 할 것을 모두 다 갖춘 것을 밝혔다.

(2) 무상승장자의 일상생활

견 무 상 승   재 기 성 동 대 장 엄 당 무 우 림 중
見無上勝이 **在其城東大莊嚴幢無憂林中**하니

무 량 상 인   백 천 거 사 지 소 위 요
無量商人과 **百千居士之所圍繞**라

　무상승장자가 그 성의 동쪽 크게 장엄한 당기幢旗 무우수나무 숲[無憂林] 속에 있는 것을 보니, 한량없는 상인과 백천 거사들이 둘러싸고 있었습니다.

　　　　　이 단 인 간 종 종 사 무　　인 위 설 법　　　영 기 영
理斷人間種種事務하고 **因爲說法**하사 **令其永**

발 일 체 아 만　　이 아 아 소　　사 소 적 취　　　멸 간
拔一切我慢하며 **離我我所**하며 **捨所積聚**하며 **滅慳**

질 구
嫉垢하며

　인간의 가지가지 일들을 처리하여 마치고 법을 설하여 그들로 하여금 일체 아만을 완전히 뽑게 하고, 나와 나의 것을 여의게 하며, 쌓아 둔 것을 버리어 간탐과 질투의 때를 없게 하였습니다.

心得清淨하며 無諸穢濁하며 獲淨信力하며 常樂
見佛하며 受持佛法하며

　마음이 청정하여 모든 흐리고 더러움이 없으며 청정하게 믿는 힘을 얻어 항상 부처님을 친견하고 부처님의 법을 받아 지니기를 좋아하였습니다.

生菩薩力하며 起菩薩行하며 入菩薩三昧하며 得
菩薩智慧하며 住菩薩正念하며 增菩薩樂欲하시니라

　보살의 힘을 내고 보살의 행을 일으키며, 보살의 삼매에 들어가 보살의 지혜를 얻으며, 보살의 바른 생각에 머물러 보살의 즐거운 욕망을 늘게 하였습니다.

　무상승장자의 일상생활을 밝혔다. 장자는 무우수나무 숲[無憂林] 속에서 한량없는 상인과 백천 거사들에게 둘러싸여 있으면서 세상 사람들의 일을 처리하여 마치고 그들을 위하여 법을 설하였다. 한량없는 상인과 세상 사람들의 일을 처리하였다니 아마도 큰 그룹의 회장으로서 그룹의 총회라도 열렸으리라. 보살은 어떤 일을 처리하더라도 다음에는 반드시 법을 설하여 세상사와 인생사의 바른 이치를 깨우쳐 주는 것을 잊지 않는다. 그래서 그들로 하여금 일체 아만을 완전히 뽑게 하고, 나와 나의 것을 여의게 하며, 쌓아 둔 것을 버리어 간탐과 질투의 때를 없게 하는 것 등을 가르친다.

(3) 공경을 나타내고 법을 묻다

爾時에 善財童子가 觀彼長者의 爲衆說法已하고 以身投地하야 頂禮其足하고 良久乃起하야 白言호대

그때에 선재동자는 그 장자가 대중들을 위하여 법을 설함을 보고, 몸을 땅에 던져 그의 발에 절하고 한참 있다가 일어나서 여쭈었습니다.

성자아 我是善財며 我是善財라 我專尋求菩薩
之行하노니 菩薩이 云何學菩薩行하며 菩薩이 云何
修菩薩道하나이까

"거룩하신 이여, 저는 선재입니다, 저는 선재입니다. 저는 일심으로 보살의 행을 구하고 있습니다. 보살이 어떻게 보살의 행을 배우며 보살이 어떻게 보살의 도를 닦습니까?"

隨修學時하야 常能化度一切衆生하며 常能現
見一切諸佛하며 常得聽聞一切佛法하며 常能住持
一切佛法하며 常能趣入一切法門하며 入一切刹
하야 學菩薩行하며 住一切劫하야 修菩薩道하며 能知

일체여래신력
一切如來神力하며 能受一切如來護念하며 能得

일체여래지혜
一切如來智慧리잇고

"닦고 배울 적에 일체 중생을 항상 교화하며, 일체 모든 부처님을 항상 친견하며, 모든 불법을 항상 들으며, 모든 불법을 항상 머물러 지니며, 모든 법문에 항상 들어가며, 모든 세계에 들어가서 보살의 행을 배우며, 모든 겁에 머물러 있으면서 보살의 도를 닦으며, 모든 여래의 신통한 힘을 능히 알며, 모든 여래의 생각하여 주심을 능히 받으며, 모든 여래의 지혜를 능히 얻겠습니까?"

보살행을 배우고 보살도를 닦을 때에 포함된 구체적인 내용을 열 가지를 들어 밝혔다. 보살행을 배우고 보살도를 닦는 일이란 일체 중생을 항상 교화하는 것이고, 모든 부처님을 항상 친견하는 것이고, 모든 불법을 항상 듣는 것이고, 모든 불법을 항상 머물러 지니는 것이고, 모든 법문에 항상 들어가는 것이고, 모든 세계에 들어가서 다시 보살행을 배우는 것이고, 모든 겁에 머물러 있으면서 보살의 도를 닦는 것이다.

2) 무상승장자가 법을 설하다

時_시彼_피長_장者_자가 告_고善_선財_재言_언하사대 善_선哉_재善_선哉_재라 善_선男_남子_자여 汝_여已_이能_능發_발阿_아耨_뇩多_다羅_라三_삼藐_먁三_삼菩_보提_리心_심이로다 善_선男_남子_자야 我_아成_성就_취至_지一_일切_체處_처菩_보薩_살行_행門_문인 無_무依_의無_무作_작神_신通_통之_지力_력호라

그때에 그 장자가 선재에게 말하였습니다. "훌륭하고 훌륭합니다. 선남자여, 그대는 이미 아뇩다라삼먁삼보리심을 내었습니다. 선남자여, 저는 모든 곳에 이르는 보살의 행하는 문과 의지함이 없고 지음이 없는 신통한 힘을 성취하였습니다."

선남자 운하위지일체처보살행문 선남
善男子야 云何爲至一切處菩薩行門고 善男

자 아어차삼천대천세계 욕계일체제중생
子야 我於此三千大千世界의 欲界一切諸衆生

중 소위일체삼십삼천 일체수야마천 일체
中에 所謂一切三十三天과 一切須夜摩天과 一切

도솔타천 일체선변화천 일체타화자재천
兜率陀天과 一切善變化天과 一切他化自在天과

"선남자여, 무엇을 모든 곳에 이르는 보살의 행하는 문이라 합니까. 선남자여, 저는 이 삼천대천세계의 욕심세계에 사는 일체 모든 중생으로 이른바 일체 삼십삼천과 일체 수야마천과 일체 도솔타천과 일체 선변화천과 일체 타화자재천과

일체마천 급여일체천룡 야차 나찰사
一切魔天과 及餘一切天龍과 夜叉와 羅刹娑와

구반다 건달바 아수라 가루라 긴나라
鳩槃茶와 乾闥婆와 阿修羅와 迦樓羅와 緊那羅와

마후라가 인여비인   촌영성읍일체주처   제
摩睺羅伽와 **人與非人**의 **村營城邑一切住處**인 **諸**

중생중   이위설법
衆生中에 **而爲說法**하야

 일체 마魔의 하늘과 그 외 일체 하늘과 용과 야차와 나찰과 구반다와 건달바와 아수라와 가루라와 긴나라와 마후라가와 사람과 사람 아닌 이의 마을과 성과 도시의 일체 머무는 곳에 있는 모든 중생들 가운데서 법을 설합니다."

 무상승장자는 모든 곳에 이르는 보살의 행하는 문과 의지함이 없고 지음이 없는 신통한 힘을 성취하여 삼천대천세계로부터 하늘과 용과 야차와 나찰과 구반다와 건달바와 온갖 마을과 성과 도시에 이르기까지 모든 중생들 가운데서 빠짐없이 법을 설하여 중생들을 교화한다. 이것이 이 장자의 본래의 직업이다.

令捨非法하며 令息諍論하며 令除鬪戰하며 令止
忿競하며 令破冤結하며 令解繫縛하며 令出牢獄하며
令免怖畏하며 令斷殺生하며

"그른 법[非法]을 버리게 하고, 다툼을 쉬게 하고, 싸움을 없게 하고, 성냄을 그치게 하고, 원수를 풀게 하고, 속박을 벗게 하고, 감옥에서 나오게 하고, 공포를 면하게 하고, 살생을 끊게 합니다."

그 모든 곳에서 어떻게 중생들을 교화하는가. 법이 아닌 법은 버리게 하고, 다투고 싸우는 일은 그만두게 하고, 성냄은 그치게 하고, 원수는 풀게 하고, 나아가서 살생을 끊게 한다. 만약 온 나라의 장자들이 이와 같이만 산다면 진정 행복하고 평화롭게 살 것이다. 한량없는 상인과 백천 거사들에게 둘러싸여 있으면서 세상 사람들의 일을 처리하는 큰 그룹의 회장이라면 무엇이든 할 수 있을 것이다. 실로 이와 같은 보살 장자가 세상에 가득한 날이 빨리 와야 할 것이다.

그 자리에 있으면 그 일을 할 수 있기 때문이다.

乃至邪見과 一切惡業의 不可作事를 皆令禁止
하야 令其順行一切善法하며 令其修學一切技藝하며
於諸世間에 而作利益하야

"내지 삿된 소견과 나쁜 짓과 하지 못할 일을 모두 금하게 하며, 모든 착한 법을 순종하게 하며, 모든 기술을 닦아 익히어 모든 세간에서 이익을 짓게 합니다."

爲其分別種種諸論하야 令生歡喜하며 令漸成熟하며 隨順外道하야 爲說勝智하야 令斷諸見하며 令入佛法하며 乃至色界一切梵天에 我亦爲其說超

勝法승법이로니

"그들에게 갖가지 언론을 분별하여 환희심을 내게 하고, 점점 성숙하게 하며, 외도를 수순하여 훌륭한 지혜를 말하여 모든 소견을 끊게 하고, 불법에 들어오게 하며, 내지 형상세계의 모든 범천에서도 제가 또한 그들에게 훌륭한 법을 설합니다."

또 삿된 소견과 나쁜 짓과 하지 못할 일을 모두 금하게 하며, 모든 착한 법을 순종하게 한다고 하였다. 삿된 소견이란 인과의 법칙을 모르는 일이다. 만약 모든 세상 사람들이 인과의 법칙 한 가지만이라도 잘 알아서 실천한다면 세상이 이처럼 거짓과 사기와 협잡과 악이 들끓지는 않을 것이다. 나라와 나라 사이에 침략과 살상과 지배와 테러가 난동하지 않을 것이다. 오늘날의 모든 세계적 불행한 현상은 모두 인과의 법칙을 알지 못하고 실천하지 않기 때문에 생긴다.

여어 차삼천대천세계　　　　　내지시방십불가설
如於此三千大千世界하야 乃至十方十不可說

백천억나유타불찰미진수세계중　　　아개위설
百千億那由他佛刹微塵數世界中에도 我皆爲說

불법　　보살법　　성문법　　독각법
佛法과 菩薩法과 聲聞法과 獨覺法하며

"이 삼천대천세계에서와 같이 내지 시방의 열 곱 말할 수 없는 백천억 나유타 세계의 미진수 세계에서도 제가 다 그들을 위하여 부처님의 법과 보살의 법과 성문의 법과 독각의 법을 설합니다."

설지옥　　설지옥중생　　　설향지옥도　　설
說地獄하고 說地獄衆生하고 說向地獄道하며 說

축생　　설축생차별　　설축생수고　　설향축
畜生하고 說畜生差別하고 說畜生受苦하고 說向畜

생도　　설염라왕세간　　설염라왕세간고
生道하며 說閻羅王世間하고 說閻羅王世間苦하고

설향염라왕세간도
說向閻羅王世間道하며

"지옥을 말하고, 지옥의 중생들을 말하고, 지옥으로 가는 길을 말하며, 축생을 말하고, 축생의 차별을 말하고, 축생의 고통을 말하고, 축생으로 가는 길을 말하며, 염라왕의 세계를 말하고, 염라왕 세계의 고통을 말하고, 염라왕 세계로 가는 길을 말합니다."

說天世間하고 說天世間樂하고 說向天世間道하며
說人世間하고 說人世間苦樂하고 說向人世間道하야

"하늘 세계를 말하고, 하늘 세계의 낙을 말하고, 하늘 세계로 가는 길을 말하며, 인간 세계를 말하고, 인간 세계의 고통과 낙을 말하고, 인간 세계로 가는 길을 말합니다."

무상승장자는 어느 한 곳에서만 그와 같이 사람들을 교화하는 것이 아니라 가지가지 법을 사람들의 근기와 수준에 맞추어 모든 곳에서 설하여 그들을 교화한다. 심지어 지옥과 축생과 염라 세계 등 온갖 내용을 설하지 않는 것이 없다.

爲欲開顯菩薩功德하며 爲令捨離生死過患하며 爲令知見一切智人諸妙功德하며 爲欲令知諸有趣中迷惑受苦하며 爲令知見無障礙法하며 爲欲顯示一切世間生起所因하며

"보살의 공덕을 드러내 보이려 하며, 생사의 걱정을 여의게 하며, 일체 지혜를 가진 이의 모든 미묘한 공덕을 알게 하며, 모든 세계에서 미혹하여 받는 고통을 알게 하며, 걸림이 없는 법을 보게 하며, 모든 세간이 생기는 원인을 나타내 보이려고 합니다."

爲欲顯示一切世間寂滅爲樂하며 爲令衆生으로

捨諸想着ᄒᆞ며 爲令證得佛無依法ᄒᆞ며 爲令永滅
諸煩惱輪ᄒᆞ며 爲令能轉如來法輪ᄒᆞ야 我爲衆生ᄒᆞ야
說如是法호라

"모든 세간의 고요한 낙을 나타내 보이려 하며, 중생들의 모든 집착한 생각을 버리게 하며, 부처님의 의지함이 없는 법을 얻게 하며, 모든 번뇌의 둘레를 없애려 하며, 여래의 법륜을 굴리게 하려고 저는 중생들을 위하여 이와 같은 법을 설합니다."

보살의 공덕을 드러내 보이려 하며, 생사의 걱정을 여의게 하며, 일체 지혜를 가진 이의 모든 미묘한 공덕을 알게 하려는 등의 이유에서 그들에게 온갖 법을 설하게 됨을 밝혔다.

3) 자기는 겸손하고 다른 이의 수승함을 추천하다

善男子야 我唯知此至一切處修菩薩行淸淨
法門인 無依無作神通之力이어니와 如諸菩薩摩訶
薩은 具足一切自在神通하야 悉能徧往一切佛刹
하며

"선남자여, 저는 다만 모든 곳에 이르는 보살이 수행하는 청정한 법문과 의지함이 없고 지음이 없는 신통한 힘만을 알지만, 모든 보살마하살은 모든 자유자재한 신통을 갖추고 모든 부처님의 세계에 두루 이르며,

得普眼地하야 悉聞一切音聲言說하며 普入諸
法하야 智慧自在하며 無有乖諍하야 勇健無比하며 以

廣長舌로 出平等音하며 其身妙好하야 同諸菩薩하며

넓은 눈의 지위를 얻어 모든 음성과 말을 들으며, 모든 법에 널리 들어가서 지혜가 자재하며, 다투는 일이 없고, 용맹하기가 짝이 없으며, 넓고 큰 혀로 평등한 음성을 내며, 그 몸이 아름답고 훌륭하여 보살들과 같으며,

與諸如來로 究竟無二하야 無有差別하며 智身廣大하야 普入三世하며 境界無際하야 同於虛空하나니
而我云何能知能說彼功德行이리오

모든 여래와 더불어 끝까지 둘이 없고 차별이 없으며, 지혜의 몸이 광대하여 세 세상에 두루 들어가며, 경계가 끝이 없어 허공과 같습니다. 그러나 제가 그러한 공덕의 행을 어떻게 능히 알며 능히 말하겠습니까."

4) 다음 선지식 찾기를 권유하다

善男子_야 於此南方_에 有一國土_{하니} 名曰輸那_요
其國_에 有城_{하니} 名迦陵迦林_{이며} 有比丘尼_{하니} 名
獅子頻申_{이니} 汝詣彼問_{호대} 菩薩_이 云何學菩薩行
_{이며} 修菩薩道_{리잇고하라} 時_에 善財童子_가 頂禮其足
_{하며} 繞無量帀_{하며} 殷勤瞻仰_{하고} 辭退而去_{하니라}

"선남자여, 여기서 남쪽에 한 나라가 있으니 이름이 수나輸那요, 그 나라에 성이 있으니 이름이 가릉가림迦陵迦林이요, 거기에 비구니가 있으니 이름이 사자빈신獅子頻申입니다. 그대는 그이에게 가서 '보살이 어떻게 보살의 행을 배우며 보살의 도를 닦습니까?'라고 물으십시오." 그때에 선재동자는 그의 발에 절하고 한량없이 돌고 은근하게 앙모하면서 하직하고 물러갔습니다.

문수지남도 제25, 선재동자가 사자빈신비구니를 친견하다.

25. 사자빈신비구니 獅子頻申比丘尼
제4 지일체처회향至一切處廻向 선지식

1) 사자빈신비구니를 뵙고 법을 묻다

(1) 가르침에 의지하여 선지식을 찾다

爾時에 善財童子가 漸次遊行하야 至彼國城하야
周徧推求此比丘尼한대 有無量人이 咸告之言호대
善男子야 此比丘尼가 在勝光王之所捨施日光園
中하사 說法利益無量衆生이니이다

그때에 선재동자가 점점 다니다가 그 나라에 이르러 이 비구니를 두루 찾았습니다. 한량없는 사람들이 다 같이 말하기를, "선남자여, 그 비구니는 승광왕勝光王이 보시한 햇빛동산에서 법을 설하여 한량없는 중생을 이익하게 합니다."라고 하였습니다.

사자빈신비구니 선지식은 법을 설하여 한량없는 중생들을 이익하게 하는 것이 그의 일이다. 그 일은 모든 불교인들이 다 같이 해야 할 일이다. 불법을 믿어 불법을 배우고도 자신이 배운 불법을 사람들에게 설해 줄 생각이 없고 오히려 세속적인 것으로 사람들을 상대한다면 그는 아직 불교인이라 할 수 없다.

(2) 사자빈신비구니의 의보依報

時에 善財童子가 卽詣彼園하야 周徧觀察하야 見
시   선재동자   즉예피원   주변관찰   견

其園中에 有一大樹하니 名爲滿月이라 形如樓閣하야
기원중   유일대수   명위만월   형여누각

放大光明하야 照一由旬하며
방대광명   조일유순

그때에 선재동자가 곧 그 동산에 가서 두루 살펴보았습니다. 그 동산에 큰 나무가 있으니 이름이 만월滿月이요, 형상은 누각과 같고 큰 광명을 놓아 한 유순을 비추었습니다.

의보依報란 우리들의 심신에 따라 존재하는 국토와 가옥과 의복과 식물 등을 나타내는 말인데 그 사람의 복덕에 따라 의지하는 과보이다. 사자빈신비구니의 의보를 살펴보면 그 비구니의 복덕이 어떠하다는 것을 알게 된다. 승광왕勝光王이 보시한 햇빛동산은 사자빈신비구니 선지식이 수용하고 살면서 법을 설하는 장소다. 그 광경이 어떠한가 하나하나 자세히 살펴보아야 한다.

견일엽수 　　 명위보부 　　 기형여개 　　 방비유
見一葉樹하니 **名爲普覆**라 **其形如蓋**하야 **放毘瑠**

리감청광명
璃紺靑光明하며

한 잎나무를 보니 이름이 보부普覆라, 그 모양은 일산

과 같고 비유리의 검푸른 광명을 놓았습니다.

見一華樹_{하니} 名曰華藏_{이라} 其形高大_가 如雪
山王_{하고} 雨衆妙華_{하야} 無有窮盡_이 如忉利天中波
利質多羅樹_{하며}

한 꽃나무를 보니 이름이 화장華藏이라, 그 모양이 높고 커서 설산과 같으며, 온갖 아름다운 꽃비를 내려 다함이 없는 것이 도리천의 파리질다라나무와 같았습니다.

復見有一甘露果樹_{하니} 形如金山_{하야} 常放光
明_{하고} 種種衆果_가 悉皆具足_{하며}

또 한 단이슬 과실나무를 보니 모양이 금산과 같아

서 항상 광명을 놓으며 갖가지 과실이 모두 구족하였습니다.

復見有一摩尼寶樹_{하니} 名毘盧遮那藏_{이라} 其形無比_{하야} 心王摩尼寶_가 最在其上_{하고} 阿僧祇色相摩尼寶_로 周徧莊嚴_{하며}

또 한 마니보배 나무를 보니 이름이 비로자나장이요, 형상이 비길 데 없으며 심왕마니보배가 맨 위에 있고 아승지 빛깔 마니보배가 두루 장엄하였습니다.

復有衣樹_{하니} 名爲淸淨_{이라} 種種色衣_로 垂布嚴飾_{하며}

또 의복 나무가 있으니 이름이 청정이요, 가지각색

의복이 널리어 장식하여 드리웠습니다.

　　　부유음악수　　　명위환희　　기음미묘　　　과제
復有音樂樹하니 **名爲歡喜**라 **其音美妙**하야 **過諸**

천 악
天樂하며

또 음악 나무가 있으니 이름이 환희요, 그 소리가 아름다워 모든 하늘의 풍류보다 훌륭하였습니다.

　　부유향수　　　명보장엄　　　항출묘향　　　보훈
復有香樹하니 **名普莊嚴**이라 **恒出妙香**하야 **普熏**

시방　　무소장애
十方하야 **無所障礙**하며

또 향 나무가 있으니 이름이 보장엄이요, 항상 미묘한 향기를 내어 시방에 널리 풍기어 걸리는 데가 없었습니다.

園中에 復有泉流陂池하니 一切皆以七寶莊嚴하고 黑栴檀泥가 凝積其中하고 上妙金沙가 彌布其底하고 八功德水가 具足盈滿하고 優鉢羅華와 波頭摩華와 拘物頭華와 芬陀利華가 徧覆其上하며

동산에는 또 냇물과 샘과 못이 있으니 모두 다 칠보로 장엄하였고, 흑전단 앙금이 그 안에 쌓이고, 상품 금모래가 그 밑에 가득히 깔렸으며, 팔공덕수가 가득히 찼는데 우발라 꽃과 파두마 꽃과 구물두 꽃과 분타리 꽃이 그 위에 두루 덮이었습니다.

팔공덕수八功德水란 여덟 가지 공덕을 갖추고 있는 물이다. 여덟 가지 공덕은 경에 따라 같지 않다. 칭찬정토경에는 고요하고 깨끗함·차고 맑은 것·맛이 단 것·입에 부드러운 것·윤택한 것·편안하고 화평한 것·기갈 등의 한량없는 근심을 없애 주는 것·여러 근根을 잘 길러 주는 것이라

하였고, 구사론에는 달고·차고·부드럽고·가볍고·깨끗하고·냄새가 없고·마실 때 목이 상하는 일이 없고· 마시고 나서 배탈 나는 일이 없는 것이라 하였다.

우발라화는 수련睡蓮이며, 파두마화는 홍련紅蓮이며, 구물두화는 황련黃蓮이며, 분타리화는 백련白蓮이다.

無量寶樹가 **周徧行列**이어든 **諸寶樹下**에 **敷獅子座**하야 **種種妙寶**로 **以爲莊嚴**하고 **布以天衣**하고 **熏諸妙香**하고 **垂諸寶繒**하고 **施諸寶帳**하고 **閻浮金網**으로 **彌覆其上**하고 **寶鐸徐搖**하야 **出妙音聲**하며

한량없는 보배 나무가 열을 지어 둘러서고, 모든 보배 나무 밑에는 사자좌를 놓았으니, 갖가지 보배로 장엄하고 하늘 옷을 펴고 여러 가지 미묘한 향기를 풍기며, 온갖 보배 비단을 드리우고 여러 가지 보배 휘장을

쳤으며, 염부단금 그물을 위에 덮었고, 보배 풍경은 천천히 흔들리며 아름다운 소리를 내었습니다.

或_혹有_유樹_수下_하엔 敷_부蓮_연華_화藏_장獅_사子_자之_지座_좌하며 或_혹有_유樹_수下_하엔 敷_부香_향王_왕摩_마尼_니藏_장獅_사子_자之_지座_좌하며 或_혹有_유樹_수下_하엔 敷_부龍_용莊_장嚴_엄摩_마尼_니王_왕藏_장獅_사子_자之_지座_좌하며

혹 어떤 나무 아래는 연화장 사자좌를 놓고, 혹 어떤 나무 아래는 향왕마니장 사자좌를 놓고, 혹 어떤 나무 아래는 용장엄마니왕장 사자좌를 놓았습니다.

或_혹有_유樹_수下_하엔 敷_부寶_보獅_사子_자聚_취摩_마尼_니王_왕藏_장獅_사子_자之_지座_좌하며 或_혹有_유樹_수下_하엔 敷_부毘_비盧_로遮_자那_나摩_마尼_니王_왕藏_장獅_사子_자之_지座_좌하며

或_혹有_유樹_수下_하엔 敷_부十_시方_방毘_비盧_로遮_자那_나摩_마尼_니王_왕藏_장獅_사子_자之_지座_좌하니 其_기一_일一_일座_좌에 各_각有_유十_십萬_만寶_보獅_사子_자座_좌가 周_주帀_잡圍_위繞_요하야 一_일一_일皆_개具_구無_무量_량莊_장嚴_엄하며

혹 어떤 나무 아래는 보사자취마니왕장 사자좌를 놓고, 혹 어떤 나무 아래는 비로자나마니왕장 사자좌를 놓고, 혹 어떤 나무 아래는 시방비로자나마니왕장 사자좌를 놓았습니다. 그 낱낱 사자좌마다 각각 십만 보배 사자좌가 둘리어 있고 낱낱이 다 한량없는 장엄을 갖추었습니다.

여섯 개의 특별한 사자좌의 이름을 들고, 그 낱낱 사자좌마다 십만 보배 사자좌가 둘리어 있다고 하였다. 모두 합하여 육십만 개의 사자좌이다. 이 모든 사자좌에 사자빈신 비구니 선지식이 앉는다.

차대원중　중보변만　유여대해보주지상
此大園中에 **衆寶徧滿**이 **猶如大海寶洲之上**하며

가린타의　이포기지　유연묘호　능생낙촉
迦隣陀衣로 **以布其地**하니 **柔軟妙好**하야 **能生樂觸**

　　　　도즉몰족　거즉환부
이라 **蹈則沒足**하고 **擧則還復**하며

　이 큰 동산에는 온갖 보배가 가득 찼으니 마치 큰 바다 가운데 있는 보배 섬과 같았고, 가린타 옷이 땅에 깔렸으니 부드럽고 아름다워 좋은 촉감을 내므로 밟으면 발이 들어가고 발을 들면 곧 다시 나왔습니다.

　　　무량제조　　출화아음　　보전단림　　상묘장
無量諸鳥가 **出和雅音**하며 **寶栴檀林**에 **上妙莊**

엄　종종묘화　　상우무진　　유여제석잡화지원
嚴인 **種種妙華**가 **常雨無盡**이 **猶如帝釋雜華之園**

　　　　무비향왕　　보훈일체　　유여제석선법지당
하며 **無比香王**이 **普熏一切**가 **猶如帝釋善法之堂**
하며

　한량없는 온갖 새들이 화평하고 청아한 소리를 내며,

보배 전단 숲에는 가장 훌륭하게 장엄한 가지각색 아름다운 꽃이 끊임없이 비를 내리는 것이 마치 제석천왕의 꽃동산 같고, 비길 데 없는 향기가 모든 곳에 널리 풍기는 것은 마치 제석천왕의 선법당善法堂과 같았습니다.

諸音樂樹와 **寶多羅樹**의 **眾寶鈴網**에 **出妙音聲**이
如自在天善口天女의 **所出歌音**하며

여러 음악 나무와 보배 다라 나무에서는 온갖 보배 풍경이 미묘한 소리를 내는 것이 자재천의 선구천녀善口天女가 노래하는 것과 같았습니다.

諸如意樹에 **種種妙衣**로 **垂布莊嚴**이 **猶如大海**에 **有無量色**하며 **百千樓閣**에 **眾寶莊嚴**이 **如忉利天**

궁   선 견 대 성   보 개 하 장   여 수 미 봉   광 명
宮의 善見大城하며 寶蓋遐張이 如須彌峰하며 光明

보 조   여 범 왕 궁
普照가 如梵王宮이어늘

 모든 여의如意 나무에는 가지각색 옷이 드리워 장엄한 것이 마치 큰 바다에 한량없는 빛이 있는 것과 같았고, 백천 누각에는 온갖 보배로 장엄한 것이 도리천궁의 선견대성善見大城과 같았고, 보배 일산이 멀리 펴져 있는 것은 수미산과 같고, 광명이 널리 비치는 것은 범천궁의 궁전과 같았습니다.

 사자빈신비구니 선지식이 머무는 큰 동산에 있는 갖가지 나무의 아름다운 장엄과 나무들이 나타내는 작용은 이 세상 그 어떤 천상의 것들보다 훌륭하다. 이것은 모두 사자빈신비구니가 과거에 닦은 공덕의 과보이다.

     이 시   선 재 동 자   견 차 대 원   무 량 공 덕   종
     爾時에 善財童子가 見此大園에 無量功德의 種

종장엄 개시보살업보성취 출세선근지소
種莊嚴하니 皆是菩薩業報成就며 出世善根之所

생기 공양제불공덕소류 일체세간 무여등
生起며 供養諸佛功德所流라 一切世間에 無與等

자
者니라

그때에 선재동자가 이 동산의 한량없는 공덕과 갖가지 장엄을 보니 모두 보살의 업보로 이루어진 것이며, 세상에서 벗어난 착한 뿌리로 생긴 것이며, 모든 부처님께 공양한 공덕으로 되었으므로 모든 세간에서 같을 이가 없었습니다.

여시 개종사자빈신비구니 요법여환
如是가 皆從獅子頻申比丘尼의 了法如幻하야

집광대청정복덕선업지소성취 삼천대천세
集廣大淸淨福德善業之所成就라 三天大千世

계 천룡팔부 무량중생 개입차원 이불
界의 天龍八部와 無量衆生이 皆入此園호대 而不

迫窄하니 何以故오 此比丘尼不可思議威神力故러라

　이와 같은 것은 모두 다 사자빈신비구니가 법이 환술과 같음을 알면서도 넓고 크고 청정한 복덕과 착한 업을 모아서 성취한 것이라, 삼천대천세계의 천신과 용과 팔부신중과 한량없는 중생이 이 동산에 다 모여 와도 비좁지 않으니, 왜냐하면 이 비구니의 불가사의한 위신의 힘으로 생긴 연고였습니다.

　사자빈신비구니가 과거에 닦은 공덕을 밝혔다. 비구니 자신이 닦은 업보로 생긴 것이며, 선근으로 생긴 것이며, 모든 부처님께 공양한 공덕으로 생긴 것이다. 또 법이 환술과 같음을 알면서도 넓고 크고 청정한 복덕과 착한 업을 모아서 성취한 것으로 생긴 것이다. 아무리 많은 대중이 모여 와도 이 동산은 전혀 비좁지 않다.

(3) 사자빈신비구니의 정보正報

爾時에 善財가 見獅子頻申比丘尼가 徧坐一切
이시   선재   견사자빈신비구니   변좌일체

諸寶樹下大獅子座하니 身相端嚴하고 威儀寂靜하며
제보수하대사자좌   신상단엄   위의적정

諸根調順이 如大象王하며
제근조순   여대상왕

그때에 선재동자는 사자빈신비구니가 일체 모든 보배 나무 아래에 놓인 사자좌에 두루 앉아 있음을 보았습니다. 몸매가 단정하고 위의가 고요하며 육근六根이 조순하여 큰 코끼리와 같았습니다.

정보正報는 의보依報와 상대되는 말로서 과거에 지은 업인業因으로 받게 되는 신체적인 것과 정신적인 과보果報를 뜻한다. 사자빈신비구니의 신체적인 것으로서 몸매는 단정하고 위의가 고요하며 육근은 균형이 잘 잡히고 조화로우며 순하여 큰 코끼리와 같다고 하였다.

심무구탁　여청정지　　보제소구　여여의
心無垢濁이 如淸淨池하며 普濟所求가 如如意

보　　　불염세법　　유여연화　　심무소외　여사
寶하며 不染世法이 猶如蓮花하며 心無所畏가 如獅

자왕
子王하며

　마음에 때가 없음이 깨끗한 연못과 같고, 구하는 대로 널리 베풀어 줌이 뜻대로 되는 보배와 같고, 세상의 법에 물들지 않음은 연꽃과 같고, 마음에 두려움이 없기는 사자왕과 같았습니다.

　　　　호지정계　　　불가경동　　여수미산　　능령
護持淨戒하야 不可傾動이 如須彌山하며 能令

건자　　심득청량　　여묘향왕　　　능제중생　　제
見者로 心得淸涼이 如妙香王하며 能除衆生의 諸

번뇌열　여설산중묘전단향
煩惱熱이 如雪山中妙栴檀香하며

　청정한 계율을 보호하여 흔들리지 않음은 수미산과 같고, 보는 이마다 마음을 서늘하게 함은 미묘한 향과 같고, 여러 중생의 모든 번뇌를 제하여 줌은 설산에 있는 미묘한 전단향과 같았습니다.

衆生見者가 諸苦消滅이 如善見藥王하며 見者 不空이 如婆樓那天하며 能長一切衆善根芽가 如良沃田하니라

그를 보는 중생들의 괴로움이 소멸함은 선견약과 같고, 보는 이마다 헛되지 않음은 바루나 하늘과 같고, 일체 모든 착한 뿌리를 길러 줌은 기름진 밭과 같았습니다.

사자빈신비구니 선지식의 정보正報를 밝히는 가운데 정신적인 부분을 설하였다. 마음에는 때가 없고, 구하는 대로 널리 베풀어 주고, 세상의 법에 물들지 않고, 마음에 두려움이 없고, 청정한 계율을 보호하여 흔들리지 않는 것 등이다.

(4) 천룡팔부중 등을 위한 설법

在一一座하야 **衆會不同**하고 **所說法門**도 **亦各**
_{재 일 일 좌   중 회 부 동   소 설 법 문   역 각}

差別하며
_{차 별}

낱낱 사자좌 앞에 모인 대중도 같지 아니하고 설하는 법문도 또한 각각 달랐습니다.

사자빈신비구니 선지식이 큰 동산 아름다운 숲속에 앉아 무수한 대중을 위하여 법을 설하는 광경을 소개하였다. 수많은 사자좌가 있고 낱낱 사자좌에 앉아서 법을 설하는데 법을 듣는 대중도 같지 않고 설하는 법문도 각각 차별하다. 차별한 대중들에 따라 각각 다른 법문의 이름이 있어 일일이 다 밝힌다.

或見處座하니 **淨居天衆**의 **所共圍繞**에 **大自在**
_{혹 견 처 좌   정 거 천 중   소 공 위 요   대 자 재}

天子가 而爲上首어든 此比丘尼가 爲說法門하니 名
無盡解脫이며

　혹 어떤 자리에는 정거천 대중이 둘러앉았는데 대자재천자가 상수가 되고, 이 비구니가 말하는 법문은 이름이 '다함이 없는 해탈'이었습니다.

或見處座하니 諸梵天衆의 所共圍繞에 愛樂梵
王이 而爲上首어든 此比丘尼가 爲說法門하니 名普
門差別淸淨言音輪이며

　혹 어떤 자리에는 범천의 대중이 둘러앉았는데 애락범천왕[愛樂梵王]이 상수가 되고, 이 비구니가 말하는 법문은 이름이 '넓은 문이 차별하고 청정한 음성 바퀴[普門差別淸淨言音輪]'이었습니다.

혹 견 처 좌   타 화 자 재 천 천 자 천 녀   소 공 위
或見處座하니 **他化自在天天子天女**의 **所共圍**

요   자 재 천 왕   이 위 상 수   차 비 구 니   위 설
繞에 **自在天王**이 **而爲上首**어든 **此比丘尼**가 **爲說**

법 문   명 보 살 청 정 심
法門하니 **名菩薩清淨心**이며

혹 어떤 자리에는 타화자재천의 천자와 천녀가 둘러 앉았는데 자재천왕이 상수가 되고, 이 비구니가 말하는 법문은 이름이 '보살청정심'이었습니다.

혹 견 처 좌   선 변 화 천 천 자 천 녀   소 공 위 요
或見處座하니 **善變化天天子天女**의 **所共圍繞**에

선 화 천 왕   이 위 상 수   차 비 구 니   위 설 법 문
善化天王이 **而爲上首**어든 **此比丘尼**가 **爲說法門**

        명 일 체 법 선 장 엄
하니 **名一切法善莊嚴**이며

혹 어떤 자리에는 선변화천의 천자와 천녀가 둘러앉 았는데 선변화천왕이 상수가 되고, 이 비구니가 말하는 법문은 이름이 '모든 법을 잘 장엄함'이었습니다.

혹 견 처 좌　　도솔타천천자천녀　소공위요
或見處座하니 **兜率陀天天子天女**의 **所共圍繞**에

도솔천왕　이위상수　　차비구니　위설법문
兜率天王이 **而爲上首**어든 **此比丘尼**가 **爲說法門**

　　명심장선
하니 **名心藏旋**이며

　혹 어떤 자리에는 도솔천의 천자와 천녀가 둘러앉았는데 도솔천왕이 상수가 되고, 이 비구니가 말하는 법문은 이름이 '심장이 선회함[心藏旋]'이었습니다.

혹 견 처 좌　　수야마천천자천녀　소공위요
或見處座하니 **須夜摩天天子天女**의 **所共圍繞**에

야마천왕　이위상수　　차비구니　위설법문
夜摩天王이 **而爲上首**어든 **此比丘尼**가 **爲說法門**

　　명무변장엄
하니 **名無邊莊嚴**이며

　혹 어떤 자리에는 수야마천의 천자와 천녀가 둘러앉았는데 수야마천왕이 상수가 되고, 이 비구니가 말하는 법문은 이름이 '그지없는 장엄'이었습니다.

혹견처좌   삼십삼천천자천녀   소공위요
或見處座하니 三十三天天子天女의 所共圍繞에

석제환인   이위상수   차비구니   위설법문
釋提桓因이 而爲上首어든 此比丘尼가 爲說法門

명염리문
하니 名厭離門이며

혹 어떤 자리에는 삼십삼천의 천자와 천녀가 둘러앉았는데 석제환인이 상수가 되고, 이 비구니가 말하는 법문은 이름이 '싫어서 떠나는 문'이었습니다.

혹견처좌   백광명용왕   난타용왕   우바
或見處座하니 百光明龍王과 難陀龍王과 優波

난타용왕   마나사용왕   이라발난타용왕   아
難陀龍王과 摩那斯龍王과 伊羅跋難陀龍王과 阿

나바달다용왕등용자용녀   소공위요   사가라
那婆達多龍王等龍子龍女의 所共圍繞에 娑伽羅

용왕   이위상수   차비구니   위설법문   명
龍王이 而爲上首어든 此比丘尼가 爲說法門하니 名

불 신 통 경 계 광 명 장 엄
佛神通境界光明莊嚴이며

혹 어떤 자리에는 백광명용왕과 난타용왕과 우바난타용왕과 마나사용왕과 이라발난타용왕과 아나바달다용왕 등의 용자와 용녀가 둘러앉았는데 사가라용왕이 상수가 되고, 이 비구니가 말하는 법문은 이름이 '부처님의 신통한 경계 광명 장엄'이었습니다.

혹 견 처 좌　　　제 야 차 중　　　소 공 위 요　　비 사 문
或見處座하니 **諸夜叉衆**의 **所共圍繞**에 **毘沙門**
천 왕　　이 위 상 수　　　차 비 구 니　　위 설 법 문　　　명
天王이 **而爲上首**이든 **此比丘尼**가 **爲說法門**하니 **名**
구 호 중 생 장
救護衆生藏이며

혹 어떤 자리에는 모든 야차의 대중이 둘러앉았는데 비사문천왕이 상수가 되고, 이 비구니가 말하는 법문은 이름이 '중생을 구호하는 창고'였습니다.

或見處座_{하니} 乾闥婆衆_의 所共圍繞_에 持國乾
闥婆王_이 而爲上首_{어든} 此比丘尼_가 爲說法門_{하니}
名無盡喜_며

혹 어떤 자리에는 건달바 대중이 둘러앉았는데 지국 건달바왕이 상수가 되고, 이 비구니가 말하는 법문은 이름이 '다함없는 기쁨'이었습니다.

或見處座_{하니} 阿修羅衆_의 所共圍繞_에 羅睺阿
修羅王_이 而爲上首_{어든} 此比丘尼_가 爲說法門_{하니}
名速疾莊嚴法界智門_{이며}

혹 어떤 자리에는 아수라 대중이 둘러앉았는데 라후아수라왕이 상수가 되고, 이 비구니가 말하는 법문은 이름이 '빨리 법계를 장엄하는 지혜의 문'이었습니다.

_{혹 견 처 좌} _{가 루 라 중} _{소 공 위 요} _{첩 지 가}
或見處座하니 **迦樓羅衆**의 **所共圍繞**에 **捷持迦**

_{루 라 왕} _{이 위 상 수} _{차 비 구 니} _{위 설 법 문}
樓羅王이 **而爲上首**어든 **此比丘尼**가 **爲說法門**하니

_{명 포 동 제 유 해}
名怖動諸有海며

 혹 어떤 자리에는 가루라 대중이 둘러앉았는데 첩지 가루라왕이 상수가 되고, 이 비구니가 말하는 법문은 이름이 '모든 생사의 바다를 두려워하여 동요함'이었습니다.

_{혹 견 처 좌} _{긴 나 라 중} _{소 공 위 요} _{대 수 긴}
或見處座하니 **緊那羅衆**의 **所共圍繞**에 **大樹緊**

_{나 라 왕} _{이 위 상 수} _{차 비 구 니} _{위 설 법 문}
那羅王이 **而爲上首**어든 **此比丘尼**가 **爲說法門**하니

_{명 불 행 광 명}
名佛行光明이며

 혹 어떤 자리에는 긴나라 대중이 둘러앉았는데 대수 긴나라왕이 상수가 되고, 이 비구니가 말하는 법문은

이름이 '부처님 행의 광명'이었습니다.

或_혹見_견處_처座_좌하니 摩_마睺_후羅_라伽_가衆_중의 所_소共_공圍_위繞_요에 菴_암羅_라林_림摩_마睺_후羅_라伽_가王_왕이 而_이爲_위上_상首_수어든 此_차比_비丘_구尼_니가 爲_위說_설法_법門_문하니 名_명生_생佛_불歡_환喜_희心_심이며

혹 어떤 자리에는 마후라가 대중이 둘러앉았는데 암라림마후라가왕이 상수가 되고, 이 비구니가 말하는 법문은 이름이 '부처님의 환희한 마음을 냄'이었습니다.

或_혹見_견處_처座_좌하니 無_무量_량百_백千_천男_남子_자女_여人_인의 所_소共_공圍_위繞_요에 此_차比_비丘_구尼_니가 爲_위說_설法_법門_문하니 名_명殊_수勝_승行_행이며

혹 어떤 자리에는 한량없는 백천 남자와 여자가 둘러앉았는데 이 비구니가 말하는 법문은 이름이 '수승한

행'이었습니다.

혹견처좌　　제나찰중　소공위요　　상탈정
或見處座하니 **諸羅刹衆**의 **所共圍繞**에 **常奪精**

기대수나찰왕　이위상수　　차비구니　　위설
氣大樹羅刹王이 **而爲上首**어든 **此比丘尼**가 **爲說**

법문　　명발생비민심
法門하니 **名發生悲愍心**이니라

　혹 어떤 자리에는 모든 나찰 대중이 둘러앉았는데 항상 정기를 빼앗는 대수나찰왕이 상수가 되고, 이 비구니가 말하는 법문은 이름이 '가엾이 여기는 마음을 냄'이었습니다.

　천룡팔부를 위하여 각각 다른 법문을 설하는 모습이다. 그 광경을 마음에 그림으로 그려 보라. 얼마나 장엄한가. 그 많은 사자좌마다 사자빈신비구니 선지식이 낱낱이 다 앉아 있고, 각각 다른 대중이 둘러앉아서 각각 다른 법문을 듣고 있는 모습이다. 천룡팔부 대중부터 소개하였다.

(5) 성문과 연각을 위한 설법

或見處座하니 信樂聲聞乘衆生의 所共圍繞에
_{혹견처좌} _{신락성문승중생} _{소공위요}

此比丘尼가 爲說法門하니 名勝智光明이며
_{차비구니} _{위설법문} _{명승지광명}

혹 어떤 자리에는 성문승을 믿고 좋아하는 중생들이 둘러앉았는데, 이 비구니가 말하는 법문은 이름이 '훌륭한 지혜의 광명'이었습니다.

或見處座하니 信樂緣覺乘衆生의 所共圍繞에
_{혹견처좌} _{신락연각승중생} _{소공위요}

此比丘尼가 爲說法門하니 名佛功德廣大光明이니라
_{차비구니} _{위설법문} _{명불공덕광대광명}

혹 어떤 자리에는 연각승을 믿고 좋아하는 중생들이 둘러앉았는데, 이 비구니가 말하는 법문은 이름이 '부처님 공덕의 광대한 광명'이었습니다.

사자빈신비구니 선지식은 또 성문을 위한 설법과 연각을 위한 설법을 각각 다른 이름으로 설하였다. 이 모든 법문은 동시에 이루어지고 있었다.

(6) 보살승을 위한 설법

或見處座_{하니} 信樂大乘衆生의 所共圍繞에 此 比丘尼가 爲說法門_{하니} 名普門三昧智光明門_{이며}

혹 어떤 자리에는 대승을 믿고 좋아하는 중생들이 둘러앉았는데, 이 비구니가 말하는 법문은 이름이 '넓은 문 삼매 지혜의 광명문'이었습니다.

或見處座_{하니} 初發心諸菩薩의 所共圍繞에 此 比丘尼가 爲說法門_{하니} 名一切佛願聚_며

혹 어떤 자리에는 처음으로 마음을 낸 모든 보살들이 둘러앉았는데, 이 비구니가 말하는 법문은 이름이 '모든 부처님의 서원 무더기'였습니다.

혹견처좌　　제이 지제보살　소공위요　 차
或見處座하니 **第二地諸菩薩**의 **所共圍繞**에 **此**

비구니　　위설법문　　명이구륜
比丘尼가 **爲說法門**하니 **名離垢輪**이며

　혹 어떤 자리에는 제2지第二地 보살들이 둘러앉았는데, 이 비구니가 말하는 법문은 이름이 '때를 여읜 바퀴'였습니다.

혹견처좌　　제삼지제보살　소공위요　 차
或見處座하니 **第三地諸菩薩**의 **所共圍繞**에 **此**

비구니　　위설법문　　명적정장엄
比丘尼가 **爲說法門**하니 **名寂靜莊嚴**이며

　혹 어떤 자리에는 제3지 보살들이 둘러앉았는데, 이 비구니가 말하는 법문은 이름이 '고요한 장엄'이었습니다.

혹견처좌　　제사지제보살　소공위요　 차
或見處座하니 **第四地諸菩薩**의 **所共圍繞**에 **此**

비 구 니　　위 설 법 문　　　명 생 일 체 지 경 계
比丘尼가 **爲說法門**하니 **名生一切智境界**며

　혹 어떤 자리에는 제4지 보살들이 둘러앉았는데, 이 비구니가 말하는 법문은 이름이 '일체 지혜를 내는 경계'였습니다.

혹 견 처 좌　　제 오 지 제 보 살　　소 공 위 요　　차
或見處座하니 **第五地諸菩薩**의 **所共圍繞**에 **此**

비 구 니　　위 설 법 문　　　명 묘 화 장
比丘尼가 **爲說法門**하니 **名妙華藏**이며

　혹 어떤 자리에는 제5지 보살들이 둘러앉았는데, 이 비구니가 말하는 법문은 이름이 '묘한 꽃 갈무리'였습니다.

혹 견 처 좌　　제 육 지 제 보 살　　소 공 위 요　　차
或見處座하니 **第六地諸菩薩**의 **所共圍繞**에 **此**

비 구 니　　위 설 법 문　　　명 비 로 자 나 장
比丘尼가 **爲說法門**하니 **名毘盧遮那藏**이며

혹 어떤 자리에는 제6지 보살들이 둘러앉았는데, 이 비구니가 말하는 법문은 이름이 '비로자나장'이었습니다.

혹견처좌 제칠지제보살 소공위요 차
或見處座하니 第七地諸菩薩의 所共圍繞에 此
비구니 위설법문 명보장엄지
比丘尼가 爲說法門하니 名普莊嚴地며

혹 어떤 자리에는 제7지 보살들이 둘러앉았는데, 이 비구니가 말하는 법문은 이름이 '두루 장엄한 땅'이었습니다.

혹견처좌 제팔지제보살 소공위요 차
或見處座하니 第八地諸菩薩의 所共圍繞에 此
비구니 위설법문 명변법계경계신
比丘尼가 爲說法門하니 名徧法界境界身이며

혹 어떤 자리에는 제8지 보살들이 둘러앉았는데, 이 비구니가 말하는 법문은 이름이 '법계에 두루 한 경계의 몸'이었습니다.

_{혹 견 처 좌} _{제 구 지 제 보 살} _{소 공 위 요} _차
或見處座하니 **第九地諸菩薩**의 **所共圍繞**에 **此**

_{비 구 니} _{위 설 법 문} _{명 무 소 득 역 장 엄}
比丘尼가 **爲說法門**하니 **名無所得力莊嚴**이며

혹 어떤 자리에는 제9지 보살들이 둘러앉았는데, 이 비구니가 말하는 법문은 이름이 '얻은 것 없는 힘의 장엄'이었습니다.

_{혹 견 처 좌} _{제 십 지 제 보 살} _{소 공 위 요} _차
或見處座하니 **第十地諸菩薩**의 **所共圍繞**에 **此**

_{비 구 니} _{위 설 법 문} _{명 무 애 륜}
比丘尼가 **爲說法門**하니 **名無礙輪**이며

혹 어떤 자리에는 제10지 보살들이 둘러앉았는데, 이 비구니가 말하는 법문은 이름이 '걸림 없는 바퀴'였습니다.

혹견처좌   집금강신   소공위요   차비구
或見處座하니 **執金剛神**의 **所共圍繞**에 **此比丘**

니   위설법문   명금강지나라연장엄
尼가 **爲說法門**하니 **名金剛智那羅延莊嚴**이러라

혹 어떤 자리에는 금강저를 든 신장들이 둘러앉았는데, 이 비구니가 말하는 법문은 이름이 '금강 지혜의 나라연 장엄'이었습니다.

다시 또 대승을 믿고 좋아하는 중생들에서부터 제1지 보살과 제2지 보살과 내지 제10지 보살과 집금강신들까지 각각 다른 사자좌에서 각각 달리 법을 설하고 있음을 나타내었다.

(7) 법을 듣고 보리심 발함을 다 맺다

선재동자   견여시등일체제취소유중생   이
善財童子가 **見如是等一切諸趣所有衆生**의 **已**

성숙자   이조복자   감위법기   개입차원
成熟者와 **已調伏者**와 **堪爲法器**가 **皆入此園**하야

각어좌하   위요이좌   사자빈신비구니   수
各於座下에 **圍繞而坐**어든 **獅子頻申比丘尼**가 **隨**

기욕해   승열차별   이위설법   영어아뇩다
其欲解의 **勝劣差別**하사 **而爲說法**하야 **令於阿耨多**

라삼먁삼보리   득불퇴전
羅三藐三菩提에 **得不退轉**하나니라

   선재동자가 보니 이와 같은 등 여러 길에 있는 중생들로서 이미 성숙한 이와 이미 조복된 이와 능히 법의 그릇될 만한 이들은 이 동산에 모두 들어와서 제각기 자리 아래에 둘러앉았는데, 사자빈신비구니가 그들의 욕망과 이해함이 수승하고 하열한 차별을 따라서 법을 설하여 아뇩다라삼먁삼보리에서 물러나지 않게 하였습니다.

(8) 그 까닭을 모두 밝히다

하이고   차비구니   입보안사득반야바라
何以故오 **此比丘尼**가 **入普眼捨得般若波羅**

밀문   설일체불법반야바라밀문   법계차별
蜜門과 **說一切佛法般若波羅蜜門**과 **法界差別**

반야바라밀문
般若波羅蜜門과 산괴일체장애륜반야바라밀
散壞一切障礙輪般若波羅蜜
문
門과 생일체중생선심반야바라밀문
生一切衆生善心般若波羅蜜門과

왜냐하면 이 비구니가 넓은 눈으로 모두 버리는 반야바라밀다문과, 모든 불법을 설하는 반야바라밀다문과, 법계가 차별한 반야바라밀다문과, 모든 장애를 없애는 바퀴 반야바라밀다문과, 모든 중생의 착한 마음을 내는 반야바라밀다문과,

수승장엄반야바라밀문
殊勝莊嚴般若波羅蜜門과 무애진실장반야
無礙眞實藏般若
바라밀문
波羅蜜門과 법계원만반야바라밀문
法界圓滿般若波羅蜜門과 심장반야
心藏般若
바라밀문
波羅蜜門과 보출생장반야바라밀문
普出生藏般若波羅蜜門하사

수승하게 장엄한 반야바라밀다문과, 걸림이 없는 진실한 창고 반야바라밀다문과, 법계에 원만한 반야바라밀다문과, 마음 갈무리 반야바라밀다문과, 모든 것을 내

는 창고 반야바라밀다문에 들어갔기 때문입니다.

此十般若波羅蜜門爲首하야 入如是等無數百萬般若波羅蜜門하며 此日光園中에 所有菩薩과 及諸衆生도 皆是獅子頻申比丘尼가 初勸發心하사 受持正法하야 思惟修習하야 於阿耨多羅三藐三菩提에 得不退轉이니라

이 열 가지 반야바라밀다문을 머리로 삼아 이와 같은 등 수없는 백만 반야바라밀다문에 들어갔으며, 이 햇빛동산에 있는 보살과 모든 중생들도 다 사자빈신비구니가 처음으로 권하여 마음을 내게 하고, 바른 법을 받고 지니고 생각하고 닦아서 아뇩다라삼먁삼보리에서 물러나지 않게 하였습니다.

2) 공경을 나타내고 법을 묻다

時_에 善財童子_가 見獅子頻申比丘尼_의 如是園林_과 如是床座_와 如是經行_과 如是衆會_와 如是神力_과 如是辯才_{하며}

그때에 선재동자는 사자빈신비구니의 이와 같은 동산 숲과, 이와 같은 사자좌와, 이와 같이 거니는 것과, 이와 같이 모인 대중과, 이와 같은 신통의 힘과, 이와 같은 변재를 보았습니다.

復聞不可思議法門_{하야} 廣大法雲_{으로} 潤澤其心_{하고} 便生是念_{호대} 我當右繞無量百千币_{이라하니라}

또 불가사의한 법문을 듣고 광대한 법의 구름이 그 마음을 윤택하게 하여 곧 이러한 생각을 하되, '내가 마땅히 오른쪽으로 한량없는 백천 바퀴를 돌리라.'라고 하였습니다.

時_에 比丘尼_가 放大光明_{하사} 普照其園_의 衆會
莊嚴_{하신대} 善財童子_가 卽自見身_과 及園林中_에 所
有衆樹_가 皆悉右繞此比丘尼_{호대} 經於無量百千
萬币_을 圍繞畢已_{에니라}

그때에 비구니가 큰 광명을 놓아 그 동산과 모인 대중과 장엄을 널리 비추니 선재동자는 곧 자기의 몸과 동산에 있는 온갖 나무들이 모두 오른쪽으로 이 비구니를 한량없이 백천만 바퀴를 돌아 마치는 것을 보았습니다.

선재동자 합장이주   백언   성자   아이
善財童子가 合掌而住하야 白言호대 聖者여 我已

선 발 아 뇩다라삼먁삼 보리심   이미 지보살
先發阿耨多羅三藐三菩提心호니 而未知菩薩이

운하학보살행   운하수보살도   아문성자
云何學菩薩行이며 云何修菩薩道리잇고 我聞聖者는

선 능 유 회   원위아설
善能誘誨라하니 願爲我說하소서

선재동자는 합장하고 서서 말하였습니다. "거룩하신 이여, 저는 이미 아뇩다라삼먁삼보리심을 내었습니다. 그러나 보살이 어떻게 보살의 행을 배우며 어떻게 보살의 도를 닦는지를 알지 못합니다. 제가 들으니 거룩하신 이께서 잘 가르치신다 하오니 원컨대 저를 위하여 말씀하여 주십시오."

3) 사자빈신비구니가 법을 설하다

비구니 언   선남자 아득해탈   명성
比丘尼가 言하사대 善男子야 我得解脫호니 名成

就一切智_{니라} 善財_가 言_{호대} 聖者_여 何故_로 名爲成
就一切智_{니잇고}

비구니가 말하였습니다. "선남자여, 저는 해탈을 얻었으니 이름이 '일체 지혜를 성취함'입니다." 선재동자가 말하였습니다. "거룩하신 이여, 무슨 까닭으로 이름을 '일체 지혜를 성취함'이라 합니까?"

比丘尼_가 言_{하사대} 善男子_야 此智光明_이 於一念中_에 普照三世一切諸法_{이니라} 善財_가 白言_{호대} 聖者_여 此智光明_이 境界云何_{니잇고}

비구니가 말하였습니다. "선남자여, 이 지혜의 광명은 잠깐 동안에 세 세상 모든 법을 두루 비춥니다." 선재동자가 말하였습니다. "거룩하신 이여, 이 지혜의 광명은 경계가 어떻습니까?"

비 구 니   언   선 남 자   아 입 차 지 광 명 문
比丘尼가 言하사대 善男子야 我入此智光明門하야

득 출 생 일 체 법 삼 매 왕   이 차 삼 매 고   득 의 생
得出生一切法三昧王하고 以此三昧故로 得意生

신   왕 시 방 일 체 세 계 도 솔 천 궁 일 생 소 계 보 살
身하야 往十方一切世界兜率天宮一生所繫菩薩

소   일 일 보 살 전   현 불 가 설 불 찰 미 진 수 신
所하야 一一菩薩前에 現不可說佛剎微塵數身하며

일 일 신   작 불 가 설 불 찰 미 진 수 공 양
一一身에 作不可說佛剎微塵數供養하니라

비구니가 말하였습니다. "선남자여, 저는 이 지혜의 광명문에 들어가서 일체 법을 출생하는 삼매왕을 얻었으며, 이 삼매를 인하여 뜻대로 태어나는 몸[意生身]을 얻게 되어 시방 일체 세계의 도솔천궁에 있는 일생보처 보살의 처소에 나아가고, 낱낱 보살 앞에서 말할 수 없는 부처님 세계의 미진수 몸을 나타내고, 낱낱 몸으로 말할 수 없는 부처님 세계의 미진수 공양을 하였습니다."

사자빈신비구니 선지식은 스스로 법을 밝히기를 "일체

지혜를 성취하였으며, 이 일체 지혜의 광명은 과거 현재 미래의 일체 법을 두루 비추어 모르는 것이 없으며, 이와 같은 지혜 광명에 들어간 까닭에 일체 법을 출생하는 삼매를 얻고, 이 삼매를 인하여 뜻대로 태어나는 몸[意生身]을 얻게 되었다."라고 하였다.

뜻대로 나타내는 몸, 의생신意生身이란 범어 마노말야摩奴末耶의 번역이다. 신역에서는 의성신意成身이라 한다. 부모가 낳은 육신이 아니고 생각하는 대로 생기는 몸이다. 곧 화생신化生身이며 변화신變化身이다. 겁초劫初의 인신人身・색계신・무색계신・중유신中有身을 포함한다. 보살은 몸도 마음대로 원력을 따라 나타내고, 그들이 활동하는 환경도 마음대로 나타낸다.

소위 현천왕신　　내지 인왕신　　집 지 화 운
所謂現天王身과 **乃至人王身**하야 **執持華雲**하며

집 지 만 운　　소 향 도 향　　급 이 말 향　　의 복 영 락
執持鬘雲하며 **燒香塗香**과 **及以末香**과 **衣服瓔珞**

과 **幢幡繒蓋**와 **寶網寶帳**과 **寶藏寶燈**인 **如是一切**
당번증개　보망보장　보장보등　여시일체

諸莊嚴具를 **我皆執持**하야 **而以供養**하며
제장엄구　아개집지　이이공양

"이른바 천왕의 몸과 내지 인간왕의 몸으로 꽃 구름을 들며, 화만 구름을 들며, 사르는 향과 바르는 향과 가루 향과 의복과 영락과 당기와 번기와 비단과 일산과 보배 그물과 보배 휘장과 보배 창고와 보배 등의 이와 같은 일체 모든 장엄거리를 받들어 제가 모두 공양하였습니다."

如於住兜率宮菩薩所하야 **如是於住胎出胎**와
여어주도솔궁보살소　　여시어주태출태

在家出家와 **往詣道場**과 **成等正覺**과 **轉正法輪**과
재가출가　왕예도량　성등정각　전정법륜

入於涅槃과 **如是中間**에 **或住天宮**하며 **或住龍宮**
입어열반　여시중간　혹주천궁　혹주용궁

하며 **乃至或復住於人宮**한 **於彼一一諸如來所**에
내지혹부주어인궁　어피일일제여래소

아 개 여 시 이 위 공 양
我皆如是而爲供養호니

"도솔천궁에 계시는 보살에게와 같이 이와 같이 태_胎에 머물고, 태에서 탄생하고, 집에 있고, 출가하고, 도량에 나아가서 바른 깨달음을 이루고, 바른 법륜을 굴리고, 열반에 들며, 이와 같은 중간에 혹 천궁에 있기도 하고, 혹 용궁에 있기도 하고, 내지 혹 다시 사람의 궁전에 있기도 하는 그 낱낱 여래의 계신 데서 제가 이와 같이 공양하였습니다."

사자빈신비구니는 삼매를 인하여 뜻대로 태어나는 몸[意生身]으로 온갖 보살의 몸과 천왕의 몸과 사람의 몸을 나타내어 일생보처 보살에게 온갖 공양거리로써 공양하고, 일생보처 보살에게 공양하듯이 보살이 다시 도솔천궁에서 내려와 환생하시어 태_胎에 머물고, 태에서 탄생하고, 집에 있고, 출가하고, 도량에 나아가서 바른 깨달음을 이루고, 바른 법륜을 굴리고, 열반에 드시는 등의 모든 곳에 낱낱이 다 공양하였다. 즉 부처님의 모든 일에 공양하고 모든 불법에 공양하는 일이다.

약유중생　지아여시공양불자　개어아뇩다
若有衆生이 **知我如是供養佛者**면 **皆於阿耨多**
라삼먁삼보리　　득불퇴전　　약유중생　　내지
羅三藐三菩提에 **得不退轉**하며 **若有衆生**이 **來至**
아소　　아즉위설반야바라밀
我所하면 **我卽爲說般若波羅蜜**호라

"만약 어떤 중생이나 제가 이와 같이 부처님께 공양한 줄을 아는 이는 모두 아뇩다라삼먁삼보리에서 물러나지 않으며, 만약 어떤 중생이 저에게 오면 저는 곧 반야바라밀다를 설하여 주었습니다."

사자빈신비구니의 이와 같은 공양을 아는 사람은 곧 가장 높은 깨달음에서 물러나지 않은 것이 되며, 사자빈신비구니 선지식을 친견하는 것이 되며, 선지식이 반야바라밀다의 법문을 설해 주는 것이 된다.

선남자　　아견일체중생　　　불분별중생상
善男子야 **我見一切衆生**호대 **不分別衆生相**하니

지안 명 견 고
智眼明見故며

"선남자여, 저는 일체 중생을 보아도 중생이라는 분별을 내지 않았으니, 지혜의 눈으로 밝게 보는 까닭입니다."

청 일체 어언   불분별어언상   심무소착
聽一切語言호대 **不分別語言相**하니 **心無所着**
고
故며

"모든 말을 들어도 말이라는 분별을 내지 않으니, 마음에 집착이 없는 까닭입니다."

견 일체 여래   불분별여래상   요달법신
見一切如來호대 **不分別如來相**하니 **了達法身**
고
故며

"모든 여래를 친견해도 여래라는 분별을 내지 않으

니, 법의 몸을 통달한 까닭입니다."

주지일체법륜
住持一切法輪호대 불분별법륜상
不分別法輪相하니 오법자
悟法自
성고
性故며

"모든 법륜을 머물러 가지면서도 법륜이라는 분별을 내지 않으니, 법의 자체 성품을 깨달은 까닭입니다."

일념변지일체법
一念徧知一切法호대 불분별제법상
不分別諸法相하니 지법
知法
여환고
如幻故니라

"한 생각에 모든 법을 두루 알면서도 모든 법이라는 분별을 내지 않으니, 법이 환술과 같음을 아는 까닭입니다."

사자빈신비구니 선지식이 지닌 공덕을 정리하면 지혜의

눈으로 밝게 보며, 마음에 집착이 없으며, 법의 몸을 통달하였으며, 법의 성품을 깨달았으며, 법이 환술과 같음을 아는 것이다.

4) 자기는 겸손하고 다른 이의 수승함을 추천하다

善男子_야 我唯知此成就一切智解脫_{이어니와} 如諸菩薩摩訶薩_은 心無分別_{하야} 普知諸法_{하며} 一身端坐_{하야} 充滿法界_{하며}

"선남자여, 저는 다만 일체 지혜를 성취하는 해탈을 알거니와 모든 보살마하살은 마음에 분별이 없어 모든 법을 두루 알며, 한 몸이 단정하게 앉아서도 법계에 가득하며,

於自身中에 現一切刹하며 一念에 悉詣一切佛
所하며 於自身內에 普現一切諸佛神力하며 一毛에
徧擧不可言說諸佛世界하며

  자기의 몸에 모든 세계를 나타내며, 잠깐 동안에 모
든 부처님 계신 데 다 나아가며, 자기의 몸 안에 일체
모든 부처님의 신통한 힘을 널리 나타내며, 한 터럭으로
말할 수 없는 모든 부처님의 세계를 두루 들어올리며,

於其自身一毛孔中에 現不可說世界成壞하며
於一念中에 與不可說不可說衆生同住하며 於一
念中에 入不可說不可說一切諸劫하나니 而我云
何能知能說彼功德行이리오

그 자신의 몸의 한 모공에 말할 수 없는 세계의 이루어지고 무너짐을 나타내며, 한 생각에 말할 수 없이 말할 수 없는 중생들과 함께 머물며, 한 생각 동안에 말할 수 없이 말할 수 없는 일체 모든 겁에 들어갑니다. 그러나 제가 어떻게 그러한 공덕의 행을 능히 알며 능히 말할 수 있겠습니까."

5) 다음 선지식 찾기를 권유하다

善男子야 於此南方에 有一國土하니 名曰險難
(선남자) (어차남방) (유일국토) (명왈험난)

이요 此國에 有城하니 名寶莊嚴이며 中有女人하니 名
(차국) (유성) (명보장엄) (중유여인) (명)

婆須蜜多니 汝詣彼問호대 菩薩이 云何學菩薩行이며
(바수밀다) (여예피문) (보살) (운하학보살행)

修菩薩道리잇고하라 時에 善財童子가 頂禮其足하며
(수보살도) (시) (선재동자) (정례기족)

繞無數帀하며 殷勤瞻仰하고 辭退而去하니라
(요무수잡) (은근첨앙) (사퇴이거)

"선남자여, 여기서 남쪽에 한 나라가 있으니 이름이 험난險難이요, 그 나라에 보장엄寶莊嚴이라는 성城이 있고, 그 성중에 여인이 있으니 이름이 바수밀다婆須蜜多입니다. 그대는 그에게 가서 '보살이 어떻게 보살의 행을 배우며 보살의 도를 닦습니까?'라고 물으십시오." 그때에 선재동자는 그의 발에 엎드려 절하고 수없이 돌고 은근하게 앙모하면서 하직하고 물러갔습니다.

입법계품 8 끝

〈제67권 끝〉

華嚴經 構成表

分次	周次			內容	品數	會次
舉果勸樂生信分 (信)	所信因果周			如來依正	世主妙嚴品 第一 如來現相品 第二 普賢三昧品 第三 世界成就品 第四 華藏世界品 第五 毘盧遮那品 第六	初會
修因契果生解分 (解)	差別因果周	差別因		十信	如來名號品 第七 四聖諦品 第八 光明覺品 第九 菩薩問明品 第十 淨行品 第十一 賢首品 第十二	二會
				十住	昇須彌山頂品 第十三 須彌頂上偈讚品 第十四 十住品 第十五 梵行品 第十六 初發心功德品 第十七 明法品 第十八	三會
				十行	昇夜摩天宮品 第十九 夜摩天宮偈讚品 第二十 十行品 第二十一 十無盡藏品 第二十二	四會
				十迴向	昇兜率天宮品 第二十三 兜率宮中偈讚品 第二十四 十迴向品 第二十五	五會
				十地	十地品 第二十六	六會
				等覺	十定品 第二十七 十通品 第二十八 十忍品 第二十九 阿僧祇品 第三十 如來壽量品 第三十一 菩薩住處品 第三十二	七會
		差別果		妙覺	佛不思議法品 第三十三 如來十身相海品 第三十四 如來隨好光明功德品 第三十五	
	平等因果周	平等因			普賢行品 第三十六	
		平等果			如來出現品 第三十七	
托法進修成行分 (行)	成行因果周			二千行門	離世間品 第三十八	八會
依人證入成德分 (證)	證入因果周			證果法門	入法界品 第三十九	九會

(資料：文殊經典研究會)

會場	放光別	會主	入定別	說法別舉
菩提場	遮那放齒光眉間光	普賢菩薩為會主	入毘盧藏身三昧	如來依正法
普光明殿	世尊放兩足輪光	文殊菩薩為會主	此會不入定，信未入位故	十信法
忉利天宮	世尊放兩足指光	法慧菩薩為會主	入無量方便三昧	十住法門
夜摩天宮	如來放兩足趺光	功德林菩薩為會主	入菩薩善思惟三昧	十行法門
兜率天宮	如來放兩膝輪光	金剛幢菩薩為會主	入菩薩智光三昧	十廻向法門
他化天宮	如來放眉間毫相光	金剛藏菩薩為會主	入菩薩大智慧光明三昧	十地法門
再會普光明殿	如來放眉間口光	如來為會主	入剎那際三昧	等妙覺法門
三會普光明殿	此會佛不放光，表行依解法依解光故	普賢菩薩為會主	入佛華莊嚴三昧	二千行門
祇陀園林	放眉間白毫光	如來善友為會主	入獅子頻申三昧	果法門

如天 無比

1943년 영덕에서 출생하였다. 1958년 출가하여 덕흥사, 불국사, 범어사를 거쳐 1964년 해인사 강원을 졸업하고 동국역경연수원에서 수학하였다. 10여 년 선원생활을 하고 1976년 탄허스님에게 화엄경을 수학하고 전법, 이후 통도사 강주, 범어사 강주, 은해사 승가대학원장, 대한불교조계종 교육원장, 동국역경원장, 동화사 한문불전승가대학원장 등을 역임하였다. 2018년 5월에는 수행력과 지도력을 갖춘 승랍 40년 이상 되는 스님에게 품서되는 대종사 법계를 받았다.

현재 부산 문수선원 문수경전연구회에서 150여 명의 스님과 300여 명의 재가 신도들에게 화엄경을 강의하고 있다. 또한 다음 카페 '염화실'(http://cafe.daum.net/yumhwasil)을 통해 '모든 사람을 부처님으로 받들어 섬김으로써 이 땅에 평화와 행복을 가져오게 한다.'는 인불사상(人佛思想)을 펼치고 있다.

저서로『대방광불화엄경 실마리』,『무비스님의 왕복서 강설』,『무비스님이 풀어 쓴 김시습의 법성게 선해』,『법화경 법문』,『신금강경 강의』,『직지 강설』(전 2권),『법화경 강의』(전 2권),『신심명 강의』,『임제록 강설』,『대승찬 강설』,『유마경 강설』,『당신은 부처님』,『사람이 부처님이다』,『이것이 간화선이다』,『무비 스님과 함께하는 불교공부』,『무비 스님의 증도가 강의』,『일곱 번의 작별인사』, 무비 스님이 가려 뽑은 명구 100선 시리즈(전 4권) 등이 있고 편찬하고 번역한 책으로『화엄경(한글)』(전 10권),『화엄경(한문)』(전 4권),『금강경 오가해』등이 있다.

대방광불화엄경 강설 제67권

| **초판 1쇄 발행**_ 2017년 8월 24일
| **초판 2쇄 발행**_ 2019년 8월 24일

| **지은이**_ 여천 무비(如天 無比)
| **펴낸이**_ 오세룡
| **편집**_ 박성화 손미숙 김정은 이연희
| **기획**_ 최은영 곽은영
| **디자인**_ 고혜정 김효선 장혜정
| **홍보 마케팅**_ 이주하
| **펴낸곳**_ 담앤북스
  서울특별시 종로구 새문안로3길 23 경희궁의 아침 4단지 805호
  대표전화 02)765-1251 전송 02)764-1251 전자우편 damnbooks@hanmail.net
  출판등록 제300-2011-115호
| ISBN 979-11-6201-007-5 04220

정가 14,000원

ⓒ 무비스님 2017